ANTOINE DE SAINT-EXUPÉRY

Le Petit Prince

Je crois qu'il profita, pour son évasion, d'une migration d'oiseaux sauvages.

ANTOINE DE SAINT-EXUPÉRY

Le Petit Prince

Edition intégrale annotée par

Rudolf Strauch

Avec des aquarelles de l'auteur

SCHÖNINGH VERLAG PADERBORN

Vous trouverez des analyses détaillées, des réflexions didactiques et méthodiques ainsi que des matériaux supplémentaires dans le livre du professeur: Schöninghbuch 046408-8

© Copyright by Gallimard, Paris

© 1991 Ferdinand Schöningh, Paderborn

© ab 2004 Bildungshaus Schulbuchverlage
Westermann Schroedel Diesterweg Schöningh Winklers GmbH
Braunschweig, Paderborn, Darmstadt

www.schoeningh.de
Schöningh Verlag, Jühenplatz 1–3, 33098 Paderborn

Das Werk und seine Teile sind urheberrechtlich geschützt.
Jede Nutzung in anderen als den gesetzlich zugelassenen Fällen bedarf der vorherigen schriftlichen Einwilligung des Verlages.
Hinweis zu § 52a UrhG: Weder das Werk noch seine Teile dürfen ohne eine solche Einwilligung gescannt und in ein Netzwerk gestellt werden.
Das gilt auch für Intranets von Schulen und sonstigen Bildungseinrichtungen.

Druck A [15] [14] [13] / Jahr 2007 06 05
Alle Drucke der Serie A sind im Unterricht parallel verwendbar.
Die letzte Zahl bezeichnet das Jahr dieses Druckes.

Druck und Bindung: westermann druck GmbH, Braunschweig

ISBN 3-14-046407-X

INTRODUCTION

Antoine de Saint-Exupéry

Antoine de Saint-Exupéry naquit à Lyon, le 29 juin 1900, dans une famille de l'aristocratie limousine. Par sa mère, l'écrivain a des origines provençales. Orphelin de père en 1904, il est élevé par les Jésuites à Mongré, puis au Mans. C'est en Suisse, au collège de Fribourg, qu'il termine ses études pendant la première guerre mondiale. Ayant échoué à l'École Navale, il passe son brevet de pilote en faisant son service militaire. Après avoir essayé divers métiers, il se voue définitivement à l'aviation. Il devient pilote de ligne de la Société Latécoère «qui assura, avant l'Aéropostale, puis Air-France, la liaison Toulouse–Dakar.» (Terre des hommes, p. II.) C'était une époque où le vol était encore une aventure. Au bout d'un an, on lui confie la direction de l'aéroport du Cap Juby, sur la côte de Rio de Oro. Les livres de Saint-Exupéry ont rendu célèbre le nom de cette escale au bord du Sahara. Il y écrit, dans sa baraque, sa première œuvre «Courrier Sud».

Au bout de deux ans, on prolonge la ligne aérienne au delà de l'Atlantique jusqu'au Brésil, ensuite jusqu'à Santiago, capitale du Chili. A cette époque, il fallait traverser les Andes avec des appareils encore très imparfaits, dont les meilleurs plafonnaient moins haut que les cimes de la montagne. C'est cette époque de l'aviation héroïque que le poète nous décrit dans «Vol de Nuit», roman qui lui vaut le Prix Fémina, en 1931.

Au printemps de cette année-là, il épouse Consuelo Suncin, originaire de la république d'El-Salvador. Puis il fait du journalisme, de grands reportages et voyage beaucoup (Espagne, Allemagne, Afrique du Nord, Indochine).

En 1935, son avion, un Simoun, s'abat en plein Sahara, aux confins de la Lybie. Son camarade et lui sont sauvés par des Bédouins, après trois longs jours d'attente. Il fait un récit détaillé de cette aventure tragique dans «Terre des Hommes» et quelques allusions dans «Le Petit Prince»: le pilote a une panne au milieu du désert, «à mille milles de toute terre habitée.»

Quand la deuxième guerre mondiale éclate, Saint-Exupéry se trouve aux États-Unis. Il rentre immédiatement en France, où il est nommé capitaine dans une escadrille de grande reconnaissance. Il devient témoin de la débâcle de la France. C'est dans «Pilote de Guerre» qu'il nous donne ses impressions et ses pensées de ces semaines tragiques. Après l'armistice, il rentre aux États-Unis où il écrit «Le Petit Prince» et «Lettre à un Otage».

Après le débarquement des Anglo-Américains en Afrique du Nord, Saint-Exupéry se rend à Alger et reprend du service quoiqu'il ait déjà passé la limite d'âge. Le 31 juillet 1944, il s'envole de Corse pour une mission de reconnaissance aérienne au-dessus de la Méditerranée et des Alpes dont il ne reviendra pas. Ni l'avion ni le corps de l'aviateur ne furent jamais retrouvés. La mort l'empêcha de terminer sa dernière œuvre dont l'ébauche fut publiée sous le titre de «Citadelle».

Saint-Exupéry fut pilote, technicien avant de devenir poète. La plupart de ses livres sont nés de son expérience personnelle. C'est son mérite d'avoir découvert de nouveaux sujets de la poésie: l'aviation, le désert, les espaces vides de notre planète, les étoiles, l'univers. Ce qui est caractéristique pour lui, c'est l'alternance entre l'action et l'introspection, qui, à la fin, s'unissent toujours dans une entité supérieure. «L'homme, dit-il, se découvre quand il se mesure avec un obstacle. Mais pour l'atteindre, il lui faut un outil... L'avion, l'outil des lignes aériennes, mêle l'homme à tous les vieux problèmes (Avant-propos de «Terre des Hommes»). Cela ne veut pas dire qu'il se contente de «vivre dangereusement». De l'action, il s'élève à la morale, puis à la contemplation. Il médite sur l'homme et sa civilisation. Il est désolé que sa génération ait perdu le «respect de l'homme». «Là est la pierre de touche» («Lettre à un Otage»). Si l'homme ne respecte pas ses pareils il est en danger de devenir «le robot d'une termitière».

S'il n'est plus capable d'entendre ou de comprendre «un chant grégorien» ou «un chant villageois du XVième siècle», il ne lui reste que «la voix du robot de la propagande. Deux milliards d'hommes n'entendent plus que le robot, ne comprennent plus que le robot, se font robot.» «Je suis triste pour ma génération qui est vide de toute substance humaine... Je hais mon époque de toutes mes forces. L'homme y meurt de soif.» («Lettre au Général X.»).

Il faut retrouver le sens de la vie. Saint-Exupéry entrevoit une civilisation qui implique la durée et l'ordre. Mais ce n'est pas l'ordre pour l'ordre des totalitaires. «La vie crée l'ordre, mais l'ordre ne crée pas la vie.» («Lettre à un Otage.») Il le définit comme «un héritage de croyances, de coutumes et de connaissances lentement acquises au cours des siècles... qui se justifient d'elles mêmes.»

Naturellement il reconnaît la liberté. Mais c'est une liberté de choisir son devoir, non pas une liberté «d'errer dans le vide». Il croit en la nécessité de la formation d'une élite humaine qui n'est pas fondée sur le droit des plus nombreux, mais sur celui des meilleurs.

Il regarde la société humaine comme «une pyramide qui n'a point de sens si elle ne s'achève pas en Dieu». Mais ce Dieu est un Dieu impersonnel qui est très loin et inaccessible, qui ne s'incarne pas et qui ne répond pas. «Obstiné, je montais vers Dieu pour lui demander la raison des choses. Mais au sommet de la montagne, je ne découvris qu'un bloc pesant de granit noir... lequel était Dieu. Je n'avais point touché Dieu, mais un dieu qui se laisse toucher n'est plus un dieu.» (Citadelle.)

Quoiqu'il ne fût pas chrétien, Saint-Exupéry a toujours reconnu et respecté la grande tradition de la civilisation chrétienne de l'Occident qui, dit-il, «faisait de chacun l'ambassadeur du même Dieu,... messager de plus grand que soi». (Pilote de Guerre.)

LE PETIT PRINCE

Le Petit Prince parut à New York, en 1943, et a été traduit dans la plupart des langues européennes. Ce fut un grand succès de librairie. John R. Miller, qui a publié l'édition scolaire américaine du Petit Prince, déclare: «Le Petit Prince appartient à cette catégorie de livres... qui plaisent aux enfants et aux adultes. A tous les âges, le lecteur y trouve agrément et profit; son imagination, son intelligence et son cœur s'y plaisent et s'y exercent, y découvrant toujours une richesse nouvelle.»

Quant à la forme, le livre appartient à cette sorte de «fiction stories», livres qui nous racontent des voyages fantastiques et qui, anticipant l'avenir, cherchent à dévoiler le mystère des étoiles, des planètes avant tout. Dans la littérature française, les représentants les plus connus de ce genre littéraire sont Cyrano de Bergerac («Histoire comique des États et Empires de la Lune», «Histoire des États du Soleil»), Voltaire (Micromégas) et Jules Verne. Dans ces romans, les motifs qui poussent les hommes à quitter la terre sont la soif de tout savoir, le désir de résoudre les énigmes de l'univers, tandis que le petit prince quitte son astéroïde parce qu'il a des «difficultés avec une fleur».

Ce n'est ni un explorateur, ni un savant, ni un aventurier qui partent pour la découverte du monde, mais – un enfant. Enfant singulièrement doué d'ailleurs, intuitif et sensible, qui est capable de percer les choses de son regard, d'en découvrir le fond. Il voit l'éléphant dans le serpent boa et le mouton dans la caisse que lui dessine l'aviateur. Ses yeux sont le miroir de l'univers, le point d'intersection entre le rêve et la réalité, entre l'âme et la technique, entre le temps et l'éternité.

Cette «légende de l'humanité pure» quitte le sol de la réalité pour nous enlever dans le monde des rêves, mais ce qui est étrange, c'est que dans ce monde irréel notre réalité regagne ses mesures vraies et justes.

Le monde des enfants et celui des grandes personnes, pour qui l'enfant n'éprouve qu'une pitié indulgente, sont délicieusement contrastés. Le petit prince c'est l'enfant en nous, que nous avons été et que nous ne sommes plus, mais que nous regrettons toujours. La rencontre avec le petit bonhomme de l'astéroïde B 612 montre à l'aviateur (derrière qui se cache le poète lui-même) jusqu'à quel degré il est resté enfant et jusqu'à quel degré il s'est laissé assujettir par le monde trompeur des grandes personnes. Il ne peut plus, comme le petit prince, voir le mouton à travers les murs de la caisse. C'est pourquoi il soupire, résigné: «Je suis peut-être un peu comme les grandes personnes. J'ai dû vieillir.»

Ces grandes personnes vivent terriblement isolées, dans une solitude tragique. Le petit prince le découvrira, après avoir quitté son astéroïde, en visitant d'autres dont chacun n'a qu'un seul habitant. Mais que manque-t-il donc à tous ces hommes qui croient que leur monde est l'univers? Ils ne réussissent pas à trouver ce qui pourrait les lier, l'amour, ce que le renard veut dire avec son «apprivoise-moi». (Ce n'est que l'allumeur de réverbères qui fait une exception. Il suit un devoir quoiqu'il soit absurde. Cet allumeur aurait peut-être pu devenir l'ami du petit prince, si son monde n'était pas tellement petit et étroit.)

Mais le petit prince, lui aussi, doit apprendre cet «apprivoise-moi». C'est le renard qui le lui apprend. Un être, même s'il n'a rien d'exceptionnel, devient unique s'il vous a conquis, «apprivoisé». C'est sa fleur qui est le centre de toute sa vie. Il a observé son épanouissement avec une admiration éperdue. «Que vous êtes belle!» dit-il en la voyant pour la première fois, dans toute la splendeur de sa beauté. Mais bientôt il est désenchanté de cette créature tant aimée. Elle a des défauts: elle est vaniteuse, arrogante, hypocondriaque, un peu menteuse. Profondément déçu, le petit prince quitte sa planète. C'est la tension entre l'idéal et la réalité, entre l'idée de la beauté et son incarnation dans de la matière imparfaite, que le poète nous révèle d'une façon simple et saisissante. Le petit prince reconnaît son erreur, mais trop tard. «J'aurais dû ne pas l'écouter, confie-t-il un jour à son ami, il ne faut jamais écouter les fleurs. Il faut les respirer et les regarder.» Quand, sur la terre, le petit prince découvre cinq mille roses qui ressemblent à la sienne, il est désespéré. Mais son ami le renard le console: sa fleur est unique, quand même, parce qu'il l'avait apprivoisée. Et il lui trahit son secret qui est simple comme toutes les grandes pensées: «On ne voit bien qu'avec le cœur, l'essentiel est invisible pour les yeux.» Il faut chercher avec le cœur, et c'est avec le cœur qu'il découvre les sources de la vie, symbolisées par le puits au milieu du désert.

Dans la pénombre de la légende, toutes les mesures humaines deviennent douteuses. Les volcans nous semblent énormes, mais sur la planète du petit prince on les ramone comme des cheminées, et l'un d'eux sert à préparer le petit déjeuner. Un séjour sur l'astéroïde B 612 bouleverserait toutes nos mesures du temps: le petit prince n'a qu'à déplacer sa chaise pour jouir de quarante-quatre couchers de soleil par jour. Un vertige nous prend, tout est relatif.

Que signifie la mort dans ce monde de l'essentiel et de l'infini? Ce n'est que le renoncement à une dépouille, à une écorce, l'ascension vers une étoile, vers l'amour et le devoir.

Une fine mélancolie se dégage des chapitres de notre conte. Mais elle ne domine pas, elle ne nous accable pas. Au niveau supérieur de la légende, elle se dissout dans une gaieté sublime. Il n'y a guère de passage plus délicieux que le 26ᵉ chapitre dans lequel le petit prince fait un cadeau d'adieu à son ami le pilote:

sur une des innombrables étoiles, le pilote resté sur la terre entendra le rire du petit bonhomme qu'il aime tant. Alors il aura l'impression d'entendre rire toutes les étoiles: «Tu auras, toi, des étoiles qui savent rire.» C'est ainsi que la mélancolie perd sa pesanteur, la mort son sérieux macabre. Il y a encore beaucoup d'autres pensées qui se dégagent des chapitres de notre conte.

John R. Miller (v. pl. h.) indique la variété des contemplations possibles dans cette belle comparaison: «Satire et fantaisie, philosophie et poésie, science et imagination, médiation et gaieté enfantine étincellent sur la trame du Petit Prince comme les mille couleurs sur l'aile rapide du colibri.»

(Les portraits de Saint-Exupéry se trouvent aux pages 103 et 104)

A LÉON WERTH

Je demande pardon aux enfants d'avoir dédié ce livre à une grande personne. J'ai une excuse sérieuse: cette grande personne est le meilleur ami que j'ai au monde. J'ai une autre excuse: cette grande personne peut tout comprendre, mêmes les livres pour enfants. J'ai une troisième excuse: cette grande personne habite la France où elle a faim et froid. Elle a bien besoin d'être consolée. Si toutes ces excuses ne suffisent pas, je veux bien dédier ce livre à l'enfant qu'a été autrefois cette grande personne. Toutes les grandes personnes ont d'abord été des enfants. (Mais peu d'entre elles s'en souviennent.) Je corrige donc ma dédicace:

A LÉON WERTH

QUAND IL ÉTAIT PETIT GARÇON

Lorsque j'avais six ans j'ai vu, une fois, une magnifique image, dans un livre sur la Forêt Vierge qui s'appelait «Histoires Vécues». Ça représentait un serpent boa qui avalait un fauve.

On disait dans le livre: «Les serpents boas avalent leur proie tout entière, sans la mâcher. Ensuite ils ne peuvent plus bouger et ils dorment pendant les six mois de leur digestion.»

J'ai alors beaucoup réfléchi sur les aventures de la jungle et, à mon tour, j'ai réussi, avec un crayon de couleur, à tracer mon premier dessin. Mon dessin numéro I. Il était comme ça:

J'ai montré mon chef-d'œuvre aux grandes personnes et je leur ai demandé si mon dessin leur faisait peur.

Elles m'ont répondu: «Pourquoi un chapeau ferait-il peur?»

Mon dessin ne représentait pas un chapeau. Il représentait un serpent boa qui digérait un éléphant. J'ai alors dessiné l'intérieur du serpent boa, afin que les grandes personnes puissent comprendre. Elles ont toujours besoin d'explications. Mon dessin numéro 2 était comme ça:

Les grandes personnes m'ont conseillé de laisser de côté les dessins de serpents boas ouverts ou fermés, et de m'intéresser plutôt à la géographie, à l'histoire, au calcul et à la grammaire. C'est ainsi que j'ai abandonné, à l'âge de six ans, une magnifique carrière de peintre.

J'avais été découragé par l'insuccès de mon dessin numéro 1 et de mon dessin numéro 2. Les grandes personnes ne comprennent jamais rien toutes seules, et c'est fatigant, pour les enfants, de toujours et toujours leur donner des explications.

J'ai donc dû choisir un autre métier et j'ai appris à piloter des avions. J'ai volé un peu partout dans le monde. Et la géographie, c'est exact, m'a beaucoup servi. Je savais reconnaître, du premier coup d'œil, la Chine de l'Arizona. C'est très utile, si l'on s'est égaré pendant la nuit.

J'ai ainsi eu, au cours de ma vie, des tas de contacts avec des tas de gens sérieux. J'ai beaucoup vécu chez les grandes personnes. Je les ai vues de très près. Ça n'a pas trop amélioré mon opinion.

Quand j'en rencontrais une qui me paraissait un peu lucide, je faisais l'expérience sur elle de mon dessin numéro 1 que j'ai toujours conservé. Je voulais savoir si elle était vraiment compréhensive. Mais toujours elle me répondait: «C'est un chapeau.» Alors je ne lui parlais ni de serpents boas, ni de forêts vierges, ni d'étoiles. Je me mettais à sa portée. Je lui parlais de bridge, de golf, de politique et de cravates. Et la grande personne était bien contente de connaître un homme aussi raisonnable.

II

J'ai ainsi vécu seul, sans personne avec qui parler véritablement, jusqu'à une panne dans le désert du Sahara, il y a six ans. Quelque chose s'était cassé dans mon moteur. Et comme je n'avais avec moi ni mécanicien, ni passagers, je me préparai à essayer de réussir, tout seul, une réparation difficile. C'était pour moi une question de vie ou de mort. J'avais à peine de l'eau à boire pour huit jours.

Le premier soir je me suis donc endormi sur le sable à mille milles de toute terre habitée. J'étais bien plus isolé qu'un naufragé sur un radeau au milieu de l'océan. Alors vous imaginez ma surprise, au lever du jour, quand une drôle de petite voix m'a réveillé. Elle disait:

– S'il vous plaît... dessine-moi un mouton!

– Hein!

– Dessine-moi un mouton...

J'ai sauté sur mes pieds comme si j'avais été frappé par la foudre. J'ai bien frotté mes yeux. J'ai bien regardé. Et j'ai vu un petit bonhomme tout à fait extraordinaire qui me considérait gravement. Voilà le meilleur portrait que, plus tard, j'ai réussi à faire de lui. Mais mon dessin, bien sûr, est beaucoup moins ravissant que le modèle. Ce n'est pas ma faute. J'avais été découragé dans ma carrière de peintre par les grandes personnes, à l'âge de six ans, et je n'avais rien appris à dessiner, sauf les boas fermés et les boas ouverts.

Je regardai donc cette apparition avec des yeux tout ronds d'étonnement. N'oubliez pas que je me trouvais à mille milles de toute région habitée. Or mon petit bonhomme ne me semblait ni égaré, ni mort de fatigue, ni mort de faim, ni mort de soif, ni mort de peur. Il n'avait en rien l'apparence d'un enfant perdu au milieu du désert, à mille milles de toute région habitée. Quand je réussis enfin à parler, je lui dis:

Mais... qu'est-ce que tu fais là?

Et il me répéta alors, tout doucement, comme une chose très sérieuse:

– S'il vous plaît... dessine-moi un mouton...

Quand le mystère est trop impressionnant, on n'ose pas désobéir. Aussi absurde que cela me semblât à mille milles de tous les endroits habités et en danger de mort, je sortis de ma poche une feuille de papier et un stylographe. Mais je me rappelai alors
5 que j'avais surtout étudié la géographie, l'histoire, le calcul et la grammaire et je dis au petit bonhomme (avec un peu de mauvaise humeur) que je ne savais pas dessiner. Il me répondit:
– Ça ne fait rien. Dessine-moi un mouton.

Voilà le meilleur portrait que, plus tard, j'ai réussi à faire de lui.

Comme je n'avais jamais dessiné un mouton je refis, pour lui, l'un des deux seuls dessins dont j'étais capable. Celui du boa fermé. Et je fus stupéfait d'entendre le petit bonhomme me répondre:

– Non! Non! Je ne veux pas d'un éléphant dans un boa. Un boa c'est très dangereux, et un éléphant c'est très encombrant. Chez moi c'est tout petit. J'ai besoin d'un mouton. Dessine-moi un mouton.

Alors j'ai dessiné.

Il regarda attentivement, puis:

– Non! Celui-là est déjà très malade. Fais-en un autre.

Je dessinai:

Mon ami sourit gentiment, avec indulgence:

– Tu vois bien... ce n'est pas un mouton, c'est un bélier. Il a des cornes...

Je refis donc encore mon dessin:

Mais il fut refusé, comme les précédents:

– Celui-là est trop vieux. Je veux un mouton qui vive longtemps.

Alors, faute de patience, comme j'avais hâte de commencer le démontage de mon moteur, je griffonnai ce dessin-ci:

Et je lançai:

– Ça c'est la caisse. Le mouton que tu veux est dedans.

Mais je fus bien surpris de voir s'illuminer le visage de mon jeune juge:

– C'est tout à fait comme ça que je le voulais! Crois-tu qu'il faille beaucoup d'herbe à ce mouton?

– Pourquoi?

– Parce que chez moi c'est tout petit...

– Ça suffira sûrement. Je t'ai donné un tout petit mouton.

Il pencha la tête vers le dessin:

– Pas si petit que ça... Tiens! Il s'est endormi... Et c'est ainsi que je fis la connaissance du petit prince.

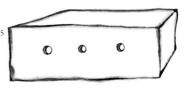

III

Il me fallut longtemps pour comprendre d'où il venait. Le petit prince, qui me posait beaucoup de questions, ne semblait jamais entendre les miennes. Ce sont des mots prononcés par hasard qui, peu à peu, m'ont tout révélé. Ainsi, quand il aperçut pour la première fois mon avion (je ne dessinerai pas mon avion, c'est un dessin beaucoup trop compliqué pour moi) il me demanda:

– Qu'est-ce que c'est que cette chose-là?

Ce n'est pas une chose. Ça vole. C'est un avion. C'est mon avion.

Et j'étais fier de lui apprendre que je volais. Alors il s'écria:

– Comment! tu es tombé du ciel!

– Oui, fis-je modestement.

– Ah! ça c'est drôle...

Et le petit prince eut un très joli éclat de rire qui m'irrita beaucoup. Je désire que l'on prenne mes malheurs au sérieux. Puis il ajouta:

– Alors, toi aussi tu viens du ciel! De quelle planète es-tu?

J'entrevis aussitôt une lueur, dans le mystère de sa présence, et j'interrogeai brusquement:

– Tu viens donc d'une autre planète?

Mais il ne me répondit pas. Il hochait la tête doucement tout en regardant mon avion:

– C'est vrai que, là-dessus, tu ne peux pas venir de bien loin...

Et il s'enfonça dans une rêverie qui dura longtemps. Puis, sortant mon mouton de sa poche, il se plongea dans la contemplation de son trésor.

Vous imaginez combien j'avais pu être intrigué par cette demi-confidence sur «les autres planètes.» Je m'efforçai donc d'en savoir plus long:

– D'où viens-tu, mon petit

Le petit prince sur l'astéroïde B 612.

bonhomme? Où est-ce «chez toi»? Où veux-tu emporter mon mouton?

Il me répondit après un silence méditatif:

– Ce qui est bien, avec la caisse que tu m'as donnée, c'est que, la nuit, ça lui servira de maison.

– Bien sûr. Et si tu es gentil, je te donnerai aussi une corde pour l'attacher pendant le jour. Et un piquet.

La proposition parut choquer le petit prince:

– L'attacher? Quelle drôle d'idée!

– Mais si tu ne l'attaches pas, il ira n'importe où, et il se perdra.

Et mon ami eut un nouvel éclat de rire:

– Mais où veux-tu qu'il aille!

– N'importe où. Droit devant lui...

Alors le petit prince remarqua gravement:

– Ça ne fait rien, c'est tellement petit, chez moi!

Et, avec un peu de mélancolie, peut-être, il ajouta:

– Droit devant soi on ne peut pas aller bien loin...

IV

J'avais ainsi appris une seconde chose très importante! C'est que sa planète d'origine était à peine plus grande qu'une maison!

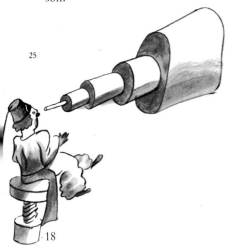

Ça ne pouvait pas m'étonner beaucoup. Je savais bien qu'en dehors des grosses planètes comme la Terre, Jupiter, Mars, Vénus, auxquelles on a donné des noms, il y en a des centaines d'autres qui sont quelquefois si petites qu'on a beaucoup de mal à les apercevoir au télescope. Quand un astronome découvre l'une

d'elles, il lui donne pour nom un numéro. Il l'appelle par exemple: «l'astéroïde 3251.»

J'ai de sérieuses raisons de croire que la planète, d'où venait le petit prince est l'astéroïde B 612. Cet astéroïde n'a été aperçu qu'une fois au télescope, en 1909, par un astronome turc.

Il avait fait alors une grande démonstration de sa découverte à un Congrès International d'Astronomie. Mais personne ne l'avait cru à cause de son costume. Les grandes personnes sont comme ça.

Heureusement pour la réputation de l'astéroïde B 612 un dictateur turc imposa à son peuple, sous peine de mort, de s'habiller à l'Européenne. L'astronome refit sa démonstration en 1920, dans un habit très élégant. Et cette fois-ci tout le monde fut de son avis.

Si je vous ai raconté ces détails sur l'astéroïde B 612 et si je vous ai confié son numéro, c'est à cause des grandes personnes. Les grandes personnes aiment les chiffres. Quand vous leur parlez d'un nouvel ami, elles ne vous questionnent jamais sur l'essentiel. Elles ne vous disent jamais: «Quel est le son de sa voix? Quels sont les jeux qu'il préfère? Est-ce qu'il collectionne les papillons?» Elles vous demandent: «Quel âge a-t-il? Combien a-t-il de frères? Combien pèse-t-il? Combien gagne son père?» Alors seulement elles croient le connaître. Si vous dites aux grandes personnes: «J'ai vu une belle maison en briques roses, avec des géraniums aux fenêtres et des colombes sur le toit...» elles ne parviennent pas à s'imaginer cette maison. Il faut leur dire: «J'ai vu une maison de cent mille francs.» Alors elles s'écrient: «Comme c'est joli!»

Ainsi, si vous leur dites: «La preuve que le petit prince a existé c'est qu'il était ravissant, qu'il riait, et qu'il voulait un mouton. Quand on veut un mouton, c'est la preuve qu'on existe» elles hausseront les épaules et vous traiteront d'enfant! Mais si vous leur dites: «La planète d'où il venait est l'astéroïde B 612» alors elles seront convaincues, et elles vous laisseront tranquille avec leurs questions. Elles sont comme ça. Il ne faut pas leur en vouloir. Les enfants doivent être très indulgents envers les grandes personnes.

Mais, bien sûr, nous qui comprenons la vie, nous nous moquons bien des numéros! J'aurais aimé commencer cette histoire à la façon des contes de fées. J'aurais aimé dire:

«Il était une fois un petit prince qui habitait une planète à peine plus grande que lui, et qui avait besoin d'un ami...» Pour ceux qui comprennent la vie, ça aurait eu l'air beaucoup plus vrai.

Car je n'aime pas qu'on lise mon livre à la légère. J'éprouve tant de chagrin à raconter ces souvenirs. Il y a six ans déjà que mon ami s'en est allé avec son mouton. Si j'essaie ici de le décrire, c'est afin de ne pas l'oublier. C'est triste d'oublier un ami. Tout le monde n'a pas eu un ami. Et je puis devenir comme les grandes personnes qui ne s'intéressent plus qu'aux chiffres. C'est donc pour ça encore que j'ai acheté une boîte de couleurs et des crayons. C'est dur de se remettre au dessin, à mon âge, quand on n'a jamais fait d'autres tentatives que celle d'un boa fermé et celle d'un boa ouvert, à l'âge de six ans! J'essaierai, bien sûr, de faire des portraits le plus ressemblants possible. Mais je ne suis pas tout à fait certain de réussir. Un dessin va, et l'autre ne ressemble plus. Je me trompe un peu aussi sur la taille. Ici le petit prince est trop grand. Là il est trop petit. J'hésite aussi sur la couleur de son costume. Alors je tâtonne comme ci et comme ça, tant bien que mal. Je me tromperai enfin sur certains détails plus importants. Mais ça, il faudra me le pardonner. Mon ami ne donnait jamais d'explications. Il me croyait peut-être semblable à lui. Mais moi, malheureusement, je ne sais pas voir les moutons à travers les caisses. Je suis peut-être un peu comme les grandes personnes. J'ai dû vieillir.

V

Chaque jour j'apprenais quelque chose sur la planète, sur le départ, sur le voyage. Ça venait tout doucement, au hasard des réflexions. C'est ainsi que, le troisième jour, je connus le drame des baobabs.

Cette fois-ci encore ce fut grâce au mouton, car brusquement le petit prince m'interrogea, comme pris d'un doute grave:

— C'est bien vrai, n'est-ce pas, que les moutons mangent les arbustes?

— Oui. C'est vrai.

Ah! Je suis content!

Je ne compris pas pourquoi il était si important que les moutons mangeassent les arbustes. Mais le petit prince ajouta:

— Par conséquent ils mangent aussi les baobabs?

Je fis remarquer au petit prince que les baobabs ne sont pas des arbustes, mais des arbres grands comme des églises et que, si même il emportait avec lui tout un troupeau d'éléphants, ce troupeau ne viendrait pas à bout d'un seul baobab.

L'idée du troupeau d'éléphants fit rire le petit prince:

— Il faudrait les mettre les uns sur les autres...

Mais il remarqua avec sagesse:

Les baobabs, avant de grandir, ça commence par être petit.

— C'est exact! Mais pourquoi veux-tu que tes moutons mangent les petits baobabs?

Il me répondit: «Ben! Voyons!» comme s'il s'agissait là d'une évidence. Et il me fallut un grand effort d'intelligence pour comprendre à moi seul ce problème.

Et en effet, sur la planète du petit prince, il y avait, comme sur toutes les planè-

tes, de bonnes herbes et de mauvaises herbes. Par conséquent de
bonnes graines de bonnes herbes et de mauvaises graines de
mauvaises herbes. Mais les graines sont invisibles. Elles dorment
dans le secret de la terre jusqu'à ce qu'il prenne fantaisie à l'une
d'elles de se réveiller. Alors elle s'étire, et pousse d'abord timidement vers le soleil une ravissante petite brindille inoffensive. S'il
s'agit d'une brindille de radis ou de rosier, on peut la laisser

Les baobabs.

pousser comme elle veut. Mais s'il s'agit d'une mauvaise plante, il faut arracher la plante aussitôt, dès qu'on a su la reconnaître. Or il y avait des graines terribles sur la planète du petit prince... - c'étaient les graines de baobabs. Le sol de la planète en était infesté. Or un baobab, si l'on s'y prend trop tard, on ne peut jamais plus s'en débarrasser. Il encombre toute la planète. Il la perfore de ses racines. Et si la planète est trop petite, et si les baobabs sont trop nombreux, ils la font éclater.

«C'est une question de discipline, me disait plus tard le petit prince. Quand on a terminé sa toilette du matin, il faut faire soigneusement la toilette de la planète. Il faut s'astreindre régulièrement à arracher les baobabs dès qu'on les distingue d'avec les rosiers auxquels ils ressemblent beaucoup quand ils sont très jeunes. C'est un travail très ennuyeux, mais très facile.»

Et un jour il me conseilla de m'appliquer à réussir un beau dessin, pour bien faire entrer ça dans la tête des enfants de chez moi. «S'ils voyagent un jour, me disait-il, ça pourra leur servir. Il est quelquefois sans inconvénient de remettre à plus tard son travail. Mais, s'il s'agit des baobabs, c'est toujours une catastrophe. J'ai connu une planète, habitée par un paresseux. Il avait négligé trois arbustes...»

Et, sur les indications du petit prince, j'ai dessiné cette planète-là. Je n'aime guère prendre le ton d'un moraliste. Mais le danger des baobabs est si peu connu, et les risques courus par celui qui s'égarerait dans un astéroïde sont si considérables, que, pour une fois, je fais exception à ma réserve. Je dis: «Enfants! Faites attention aux baobabs!» C'est pour avertir mes amis d'un danger qu'ils frôlaient depuis longtemps, comme moi-même, sans le connaître, que j'ai tant travaillé ce dessin-là. La leçon que je donnais en valait la peine. Vous vous demanderez peut-être: Pourquoi n'y a-t-il pas, dans ce livre, d'autres dessins aussi grandioses que le dessin des baobabs? La réponse est bien simple: J'ai essayé mais je n'ai pas pu réussir. Quand j'ai dessiné les baobabs j'ai été animé par le sentiment de l'urgence.

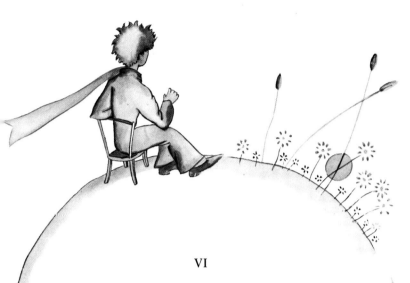

VI

Ah! Petit prince, j'ai compris, peu à peu, ainsi, ta petite vie mélancolique. Tu n'avais eu longtemps pour distraction que la douceur des couchers de soleil. J'ai appris ce détail nouveau, le quatrième jour au matin, quand tu m'as dit:

– J'aime bien les couchers de soleil. Allons voir un coucher de soleil...

– Mais il faut attendre.

– Attendre quoi?

– Attendre que le soleil se couche.

Tu as eu l'air très surpris d'abord, et puis tu as ri de toi-même. Et tu m'as dit:

– Je me crois toujours chez moi!

En effet. Quand il est midi aux États-Unis, le soleil, tout le monde le sait, se couche sur la France. Il suffirait de pouvoir aller en France en une minute pour assister au coucher du soleil. Malheureusement la France est bien trop éloignée. Mais, sur ta si petite planète, il te suffisait de tirer ta chaise de quelques pas. Et tu regardais le crépuscule chaque fois que tu le désirais...

- Un jour, j'ai vu le soleil se coucher quarante-trois fois!
Et un peu plus tard tu ajoutais:
- Tu sais . . . quand on est tellement triste on aime les couchers de soleil . . .
- Le jour des quarante-trois fois tu étais donc tellement triste?
Mais le petit prince ne répondit pas.

VII

Le cinquième jour, toujours grâce au mouton, ce secret de la vie du petit prince me fut révélé. Il me demanda avec brusquerie, sans préambule, comme le fruit d'un problème longtemps médité en silence.
- Un mouton, s'il mange les arbustes, il mange aussi les fleurs?
- Un mouton mange tout ce qu'il rencontre.
- Même les fleurs qui ont des épines?
- Oui. Même les fleurs qui ont des épines.
- Alors les épines, à quoi servent-elles?
Je ne le savais pas. J'étais alors très occupé à essayer de dévisser un boulon trop serré de mon moteur. J'étais très soucieux car ma panne commençait de m'apparaître comme très grave, et l'eau à boire qui s'épuisait me faisait craindre le pire.
Les épines, à quoi servent-elles?
Le petit prince ne renonçait jamais à une question, une fois qu'il l'avait posée. J'étais irrité par mon boulon et je répondis n'importe quoi:
- Les épines, ça ne sert à rien, c'est de la pure méchanceté de la part des fleurs!
- Oh!
Mais après un silence il me lança, avec une sorte de rancune:
- Je ne te crois pas! Les fleurs sont faibles. Elles sont naïves. Elles se rassurent comme elles peuvent. Elles se croient terribles avec leurs épines . . .
Je ne répondis rien. A cet instant-là je me disais: «Si ce boulon résiste encore, je le ferai sauter d'un coup de marteau.» Le petit prince dérangea de nouveau mes réflexions:

– Et tu crois, toi, que les fleurs...

– Mais non! Mais non! Je ne crois rien! J'ai répondu n'importe quoi. Je m'occupe, moi, de choses sérieuses!

Il me regarda stupéfait.

– De choses sérieuses!

Il me voyait, mon marteau à la main, et les doigts noirs de cambouis, penché sur un objet qui lui semblait très laid.

– Tu parles comme les grandes personnes!

Ça me fit un peu honte. Mais, impitoyable, il ajouta:

– Tu confonds tout... tu mélanges tout!

Il était vraiment très irrité. Il secouait au vent des cheveux tout dorés:

– Je connais une planète où il y a un Monsieur cramoisi. Il n'a jamais respiré une fleur. Il n'a jamais regardé une étoile. Il n'a jamais aimé personne. Il n'a jamais rien fait d'autre que des additions. Et toute la journée il répète comme toi: «Je suis un homme sérieux! Je suis un homme sérieux!» et ça le fait gonfler d'orgueil. Mais ce n'est pas un homme, c'est un champignon!

– Un quoi?

– Un champignon!

Le petit prince était maintenant tout pâle de colère.

– Il y a des millions d'années que les fleurs fabriquent des épines. Il y a des millions d'années que les moutons mangent quand même les fleurs. Et ce n'est pas sérieux de chercher à comprendre pourquoi elles se donnent tant de mal pour se fabriquer des épines qui ne servent jamais à rien? Ce n'est pas important la guerre des moutons et des fleurs? Ce n'est pas plus sérieux et plus important que les additions d'un gros Monsieur rouge? Et si je connais, moi,

une fleur unique au monde, qui n'existe nulle part, sauf dans ma planète, et qu'un petit mouton peut anéantir d'un seul coup, comme ça, un matin, sans se rendre compte de ce qu'il fait, ce n'est pas important ça!

Il rougit, puis reprit:

– Si quelqu'un aime une fleur qui n'existe qu'à un exemplaire dans les millions et les millions d'étoiles, ça suffit pour qu'il soit heureux quand il les regarde. Il se dit: «Ma fleur est là quelque part . . » Mais si le mouton mange la fleur, c'est pour lui comme si, brusquement, toutes les étoiles s'éteignaient! Et ce n'est pas important ça!

Il ne put rien dire de plus. Il éclata brusquement en sanglots. La nuit était tombée. J'avais lâché mes outils. Je me moquais bien de mon marteau, de mon boulon, de la soif et de la mort. Il y avait, sur une étoile, une planète, la mienne, la Terre, un petit prince à consoler! Je le pris dans les bras. Je le berçai. Je lui disais: «La fleur que tu aimes n'est pas en danger . . . Je lui dessinerai une muselière, à ton mouton . . . Je te dessinerai une armure pour ta fleur . . . Je . . » Je ne savais pas trop quoi dire. Je me sentais très maladroit. Je ne savais comment l'atteindre, où le rejoindre . . . C'est tellement mystérieux, le pays des larmes!

VIII

J'appris bien vite à mieux connaître cette fleur. Il y avait toujours eu, sur la planète du petit prince, des fleurs très simples, ornées d'un seul rang de pétales, et qui ne tenaient point de place, et qui ne dérangeaient personne. Elles apparaissaient un matin dans l'herbe, et puis elles s'éteignaient le soir. Mais celle-là avait germé un jour, d'une graine apportée d'on ne sait où, et le petit prince avait surveillé de très près cette brindille qui ne ressemblait pas aux autres brindilles. Ça pouvait

être un nouveau genre de baobab. Mais l'arbuste cessa vite de croître, et commença de préparer une fleur. Le petit prince, qui assistait à l'installation d'un bouton énorme, sentait bien qu'il en sortirait une apparition miraculeuse, mais la fleur n'en finissait pas de se préparer à être belle, à l'abri de sa chambre verte. Elle choisissait avec soin ses couleurs. Elle s'habillait lentement, elle ajustait un à un ses pétales. Elle ne voulait pas sortir toute fripée comme les coquelicots.

Elle ne voulait apparaître que dans le plein rayonnement de sa beauté. Eh! oui. Elle était très coquette! Sa toilette mystérieuse avait donc duré des jours et des jours. Et puis voici qu'un matin, justement à l'heure du lever du soleil, elle s'était montrée.

Et elle, qui avait travaillé avec tant de précision, dit en bâillant:

– Ah! je me réveille à peine... Je vous demande pardon... Je suis encore toute décoiffée...

Le petit prince, alors, ne put contenir son admiration:

– Que vous êtes belle!

– N'est-ce pas, répondit doucement la fleur. Et je suis née en même temps que le soleil...

Le petit prince devina bien qu'elle n'était pas trop modeste, mais elle était si émouvante!

– C'est l'heure, je crois, du petit déjeuner, avait-elle bientôt ajouté, auriez-vous la bonté de penser à moi...

Et le petit prince, tout confus, ayant été chercher un arrosoir d'eau fraîche, avait servi la fleur.

Ainsi l'avait-elle bien vite tourmenté par sa vanité un peu ombrageuse. Un jour, par exemple, parlant de ses quatre épines, elle avait dit au petit prince:

– Ils peuvent venir, les tigres, avec leurs griffes!

– Il n'y a pas de tigres sur ma planète, avait objecté le petit prince, et puis les tigres ne mangent pas d'herbe.

– Je ne suis pas une herbe, avait doucement répondu la fleur.

– Pardonnez-moi...

– Je ne crains rien des tigres, mais j'ai horreur des courants d'air. Vous n'auriez pas un paravent?

«Horreur des courants d'air... ce n'est pas de chance, pour une plante, avait remarqué le petit prince. Cette fleur est bien compliquée...»

– Le soir vous me mettrez sous globe. Il fait très froid chez vous. C'est mal installé. Là d'où je viens...

Mais elle s'était interrompue. Elle était venue sous forme de graine. Elle n'avait rien pu connaître des autres mondes. Humiliée de s'être laissée surprendre à préparer un mensonge aussi naïf, elle avait toussé deux ou trois fois, pour mettre le petit prince dans son tort:

– Ce paravent?...

– J'allais le chercher mais vous me parliez!

Alors elle avait forcé sa toux pour lui infliger quand même des remords.

Ainsi le petit prince, malgré la bonne volonté de son amour, avait vite douté d'elle. Il avait pris au sérieux des mots sans importance, et était devenu très malheureux.

«J'aurais dû ne pas l'écouter, me confia-t-il un jour, il ne faut jamais écouter les fleurs. Il faut les regarder et les respirer. La mienne embaumait ma planète, mais je ne savais pas m'en réjouir. Cette histoire de griffes, qui m'avait tellement agacé, eût dû m'attendrir...»

Il me confia encore:

«Je n'ai alors rien su comprendre! J'aurais dû la juger sur les actes et non sur les mots. Elle m'embaumait et m'éclairait. Je n'aurais jamais dû m'enfuir! J'aurais dû deviner sa tendresse derrière ses pauvres ruses. Les fleurs sont si contradictoires! Mais j'étais trop jeune pour savoir l'aimer.»

IX

Je crois qu'il profita, pour son évasion, d'une migration d'oiseaux sauvages. Au matin du départ il mit sa planète bien en ordre. Il ramona soigneusement ses volcans en activité. Il possédait deux volcans en activité. Et c'était bien commode pour faire chauffer le petit déjeuner du matin. Il possédait aussi un volcan éteint. Mais, comme il disait: «On ne sait jamais!» il ramona donc également le volcan éteint. S'ils sont bien ramonés, les volcans brûlent doucement et régulièrement, sans éruptions. Les éruptions volcaniques sont comme des feux de cheminée. Évidemment sur notre terre nous sommes beaucoup trop petits pour ramoner nos volcans. C'est pourquoi ils nous causent des tas d'ennuis.

Le petit prince arracha aussi, avec un peu de mélancolie, les dernières pousses de baobabs. Il croyait ne jamais devoir revenir. Mais tous ces travaux familiers lui parurent, ce matin-là, extrêmement doux. Et, quand il arrosa une dernière fois la fleur, et se prépara à la mettre à l'abri sous son globe, il se découvrit l'envie de pleurer.

– Adieu, dit-il à la fleur.

Mais elle ne lui répondit pas.

– Adieu, répéta-t-il.

La fleur toussa. Mais ce n'était pas à cause de son rhume.

– J'ai été sotte, lui dit-elle enfin. Je te demande pardon. Tâche d'être heureux.

Il ramona soigneusement ses volcans en activité.

Il fut surpris par l'absence de reproches. Il restait là tout déconcerté, le globe en l'air. Il ne comprenait pas cette douceur calme.

– Mais oui, je t'aime, lui dit la fleur. Tu n'en as rien su, par ma faute. Cela n'a aucune importance. Mais tu as été aussi sot que moi. Tâche d'être heureux... Laisse ce globe tranquille. Je n'en veux plus.

– Mais le vent...

– Je ne suis pas si enrhumée que ça... L'air frais de la nuit me fera du bien. Je suis une fleur.

– Mais les bêtes...

– Il faut bien que je supporte deux ou trois chenilles si je veux connaître les papillons. Il paraît que c'est tellement beau. Sinon qui me rendra visite? Tu seras loin, toi. Quant aux grosses bêtes, je ne crains rien. J'ai mes griffes.

Et elle montrait naïvement ses quatre épines. Puis elle ajouta:

– Ne traîne pas comme ça, c'est agaçant. Tu as décidé de partir. Va-t'en.

Car elle ne voulait pas qu'il la vît pleurer. C'était une fleur tellement orgueilleuse...

X

Il se trouvait dans la région des astéroïdes 325, 326, 327, 328, 329 et 330. Il commença donc par les visiter pour y chercher une occupation et pour s'instruire.

La première était habitée par un roi. Le roi siégeait, habillé de pourpre et d'hermine, sur un trône très simple et cependant majestueux.

– Ah! Voilà un sujet, s'écria le roi quand il aperçut le petit prince.

Et le petit prince se demanda:

– Comment peut-il me reconnaître puisqu'il ne m'a encore jamais vu!

Il ne savait pas que, pour les rois, le monde est très simplifié. Tous les hommes sont des sujets.

– Approche-toi que je te voie mieux, lui dit le roi qui était tout fier d'être enfin roi pour quelqu'un.

Le petit prince chercha des yeux où s'asseoir, mais la planète était tout encombrée par le magnifique manteau d'hermine. Il resta donc debout, et, comme il était fatigué, il bâilla.

– Il est contraire à l'étiquette de bâiller en présence d'un roi, lui dit le monarque. Je te l'interdis.

– Je ne peux pas m'en empêcher, répondit le petit prince tout confus. J'ai fait un long voyage et je n'ai pas dormi...

– Alors, lui dit le roi, je t'ordonne de bâiller. Je n'ai vu personne bâiller depuis des années. Les bâillements sont pour moi des curiosités. Allons! bâille encore. C'est un ordre.

– Ça m'intimide... je ne peux plus... fit le petit prince tout rougissant.

– Hum! Hum! répondit le roi. Alors je... je t'ordonne tantôt de bâiller et tantôt de...

Il bredouillait un peu et paraissait vexé.

Car le roi tenait essentiellement à ce que son autorité fût respectée. Il ne tolérait pas la désobéissance. C'était un monarque absolu. Mais, comme il était très bon, il donnait des ordres raisonnables.

«Si j'ordonnais, disait-il couramment, si j'ordonnais à un général de se changer en oiseau de mer, et si le général n'obéissait pas, ce ne serait pas la faute du général. Ce serait ma faute.»

– Puis-je m'asseoir? s'enquit timidement le petit prince.

– Je t'ordonne de t'asseoir, lui répondit le roi, qui ramena majestueusement un pan de son manteau d'hermine.

Mais le petit prince s'étonnait. La planète était minuscule. Sur quoi le roi pouvait-il bien régner?

– Sire, lui dit-il... je vous demande pardon de vous interroger...

– Je t'ordonne de m'interroger, se hâta de dire le roi.

– Sire... sur quoi régnez-vous?

– Sur tout, répondit le roi, avec une grande simplicité.

– Sur tout?

Le roi d'un geste discret désigna sa planète, les autres planètes et les étoiles.

– Sur tout ça? dit le petit prince.

– Sur tout ça... répondit le roi.

Car non seulement c'était un monarque absolu mais c'était un monarque universel.

– Et les étoiles vous obéissent?
– Bien sûr, lui dit le roi. Elles obéissent aussitôt. Je ne tolère pas l'indiscipline.

Un tel pouvoir émerveilla le petit prince. S'il l'avait détenu lui-même, il aurait pu assister, non pas à quarante-quatre, mais à soixante-douze, ou même à cent, ou même à deux cents couchers de soleil dans la même journée, sans avoir jamais à tirer sa chaise!

Et comme il se sentait un peu triste à cause du souvenir de sa petite planète abandonnée, il s'enhardit à solliciter une grâce du roi:

– Je voudrais voir un coucher de soleil... Faites-moi plaisir... Ordonnez au soleil de se coucher...

– Si j'ordonnais à un général de voler d'une fleur à l'autre à la façon d'un papillon, ou d'écrire une tragédie, ou de se changer en oiseau de mer, et si le général n'exécutait pas l'ordre reçu, qui, de lui ou de moi, serait dans son tort?

– Ce serait vous, dit fermement le petit prince.

– Exact. Il faut exiger de chacun ce que chacun peut donner, reprit le roi. L'autorité repose d'abord sur la raison. Si tu ordonnes à ton peuple d'aller se jeter à la mer, il fera la révolution. J'ai le droit d'exiger l'obéissance parce que mes ordres sont raisonnables.

– Alors mon coucher de soleil? rappela le petit prince qui jamais n'oubliait une question une fois qu'il l'avait posée.

– Ton coucher de soleil, tu l'auras. Je l'exigerai. Mais j'attendrai, dans ma science du gouvernement, que les conditions soient favorables.

– Quand ça sera-t-il? s'informa le petit prince.

– Hem! hem! lui répondit le roi, qui consulta d'abord un gros calendrier, hem! hem! ce sera, vers... vers... ce sera ce soir vers sept heures quarante! Et tu verras comme je suis bien obéi.

Le petit prince bâilla. Il regrettait son coucher de soleil manqué. Et puis il s'ennuyait déjà un peu:

– Je n'ai plus rien à faire ici, dit-il au roi. Je vais repartir!

– Ne pars pas, répondit le roi qui était si fier d'avoir un sujet. Ne pars pas, je te fais ministre!

– Ministre de quoi?

– De... de la justice!

– Mais il n'y a personne à juger!

– On ne sait pas, lui dit le roi. Je n'ai pas fait encore le tour de mon royaume. Je suis très vieux, je n'ai pas de place pour un carrosse, et ça me fatigue de marcher.

Oh! Mais j'ai déjà vu, dit le petit prince qui se pencha pour jeter encore un coup d'œil sur l'autre côté de la planète. Il n'y a personne là-bas non plus...

– Tu te jugeras donc toi-même, lui répondit le roi. C'est le plus difficile. Il est bien plus difficile de se juger soi-même que de juger autrui. Si tu réussis à bien te juger, c'est que tu es un véritable sage.

— Moi, dit le petit prince, je puis me juger moi-même n'importe où. Je n'ai pas besoin d'habiter ici.

— Hem! hem! dit le roi, je crois bien que sur ma planète il y a quelque part un vieux rat. Je l'entends la nuit. Tu pourras juger ce vieux rat. Tu le condamneras à mort de temps en temps. Ainsi sa vie dépendra de ta justice. Mais tu le gracieras chaque fois pour l'économiser. Il n'y en a qu'un.

— Moi, répondit le petit prince, je n'aime pas condamner à mort, et je crois bien que je m'en vais.

— Non, dit le roi.

Mais le petit prince, ayant achevé ses préparatifs, ne voulut point peiner le vieux monarque:

— Si votre Majesté désirait être obéie ponctuellement, elle pourrait me donner un ordre raisonnable. Elle pourrait m'ordonner, par exemple, de partir avant une minute. Il me semble que les conditions sont favorables...

Le roi n'ayant rien repondu, le petit prince hésita d'abord, puis, avec un soupir, prit le départ...

Je te fais mon ambassadeur, se hâta alors de crier le roi.

Il avait un grand air d'autorité.

Les grandes personnes sont bien étranges, se dit le petit prince, en lui-même, durant son voyage.

XI

La seconde planète était habitée par un vaniteux:

– Ah! Ah! Voilà la visite d'un admirateur! s'écria de loin le vaniteux dès qu'il aperçut le petit prince.

Car, pour les vaniteux, les autres hommes sont des admirateurs.

5 – Bonjour, dit le petit prince. Vous avez un drôle de chapeau.

– C'est pour saluer, lui répondit le vaniteux. C'est pour saluer quand on m'acclame. Malheureusement il
10 ne passe jamais personne par ici.

– Ah oui? dit le petit prince qui ne comprit pas.

– Frappe tes mains l'une
15 contre l'autre, conseilla donc le vaniteux.

Le petit prince frappa ses mains l'une contre l'autre. Le vaniteux salua modestement
20 en soulevant son chapeau.

– Ça, c'est plus amusant que la visite au roi, se dit en lui-même le petit prince. Et il recommença de frapper
25 ses mains l'une contre l'autre. Le vaniteux recommença de saluer en soulevant son chapeau.

Après cinq minutes
30 d'exercice le petit prince se fatigua de la monotonie du jeu:

– Et, pour que le chapeau tombe, demanda-t-il, que
35 faut-il faire?

Mais le vaniteux ne l'entendit pas. Les vaniteux n'entendent jamais que les louanges.

– Est-ce que tu m'admires vraiment beaucoup?
– Qu'est-ce que signifie admirer?
– Admirer signifie reconnaître que je suis l'homme le plus beau, le mieux habillé, le plus riche et le plus intelligent de la planète.
– Mais tu es seul sur la planète!
– Fais-moi ce plaisir. Admire-moi quand même!
– Je t'admire, dit le petit prince, en haussant un peu les épaules, mais en quoi cela peut-il bien t'intéresser?

Et le petit prince s'en fut.

Les grandes personnes sont décidément bien bizarres, se dit-il simplement en lui-même durant son voyage.

XII

La planète suivante était habitée par un buveur. Cette visite fut très courte mais elle plongea le petit prince dans une grande mélancolie:
- Que fais-tu là? dit-il au buveur, qu'il trouva installé en silence devant une collection de bouteilles vides et une collection de bouteilles pleines.
- Je bois, répondit le buveur, d'un air lugubre.
- Pourquoi bois-tu? lui demanda le petit prince.
- Pour oublier, répondit le buveur.
- Pour oublier quoi? s'enquit le petit prince qui déjà le plaignait.
- Pour oublier que j'ai honte, avoua le buveur en baissant la tête.
- Honte de quoi? s'informa le petit prince qui désirait le secourir.
- Honte de boire! acheva le buveur qui s'enferma définitivement dans le silence.

Et le petit prince s'en fut, perplexe.

Les grandes personnes sont décidément très bizarres, se disait-il en lui-même durant le voyage.

XIII

La quatrième planète était celle du businessman. Cet homme était si occupé qu'il ne leva même pas la tête à l'arrivée du petit prince.
- Bonjour, lui dit celui-ci. Votre cigarette est éteinte.
- Trois et deux font cinq. Cinq et sept douze et trois quinze. Bonjour. Quinze et sept vingt-deux. Vingt-deux et six vingt-huit. Pas le temps de la rallumer. Vingt-six et cinq trente et un. Ouf! Ça fait donc cinq cent un millions six cent vingt-deux mille sept cent trente et un.
- Cinq cent millions de quoi?
- Hein? Tu es toujours là? Cinq cent un millions de . . . je ne

sais plus... j'ai tellement de travail! Je suis sérieux, moi, je ne m'amuse pas à des balivernes! Deux et cinq sept...

– Cinq cent un millions de quoi, répéta le petit prince qui jamais de sa vie, n'avait renoncé à une question, une fois qu'il l'avait posée.

Le businessman leva la tête:

– Depuis cinquante-quatre ans que j'habite cette planète-ci, je n'ai été dérangé que trois fois. La première fois ç'a été, il y a vingt-deux ans, par un hanneton qui était tombé Dieu sait d'où. Il répandit un bruit épouvantable, et j'ai fait quatre erreurs dans une addition. La seconde fois ç'a été, il y a onze ans, par une crise de rhumatisme. Je manque d'exercice. Je n'ai pas le temps de flâner. je suis sérieux, moi. La troisième fois ... la voici! Je disais donc cinq cent un millions ...

– Millions de quoi?

Le businessman comprit qu'il n'était point d'espoir de paix:

– Millions de ces petites choses que l'on voit quelquefois dans le ciel.

– Des mouches?

– Mais non, des petites choses qui brillent.

– Des abeilles?

– Mais non. Des petites choses dorées qui font rêvasser les fainéants. Mais je suis sérieux, moi! Je n'ai pas le temps de rêvasser.

– Ah! des étoiles?

– C'est bien ça. Des étoiles.

– Et que fais-tu de cinq cent millions d'étoiles?

– Cinq cent un millions six cent vingt-deux mille sept-cent trente et un. Je suis sérieux, je suis précis.

– Et que fais-tu de ces étoiles?

– Ce que j'en fais?

– Oui.

– Rien. Je les possède.

– Tu possèdes les étoiles?

– Oui.

– Mais j'ai déjà vu un roi qui ...

– Les rois ne possèdent pas. Ils «règnent» sur. C'est très différent.

– Et à quoi cela te sert-il de posséder les étoiles?

– Ça me sert à être riche.

– Et à quoi cela te sert-il d'être riche?

– A acheter d'autres étoiles, si quelqu'un en trouve.

Celui-là, se dit en lui-même le petit prince, il raisonne un peu comme mon ivrogne.

Cependant il posa encore des questions:
- Comment peut-on posséder les étoiles?
- A qui sont-elles? riposta, grincheux, le businessman.
- Je ne sais pas. A personne.
- Alors elles sont à moi, car j'y ai pensé le premier.
- Ça suffit?
- Bien sûr. Quand tu trouves un diamant qui n'est à personne, il est à toi. Quand tu trouves une île qui n'est à personne, elle est à toi. Quand tu as une idée le premier, tu la fais breveter: elle est à toi. Et moi je possède les étoiles, puisque jamais personne avant moi n'a songé à les posséder.
- Ça c'est vrai, dit le petit prince. Et qu'en fais-tu?
- Je les gère. Je les compte et je les recompte, dit le businessman. C'est difficile. Mais je suis un homme sérieux!

Le petit prince n'était pas satisfait encore.
- Moi, si je possède un foulard, je puis le mettre autour de mon cou et l'emporter. Moi, si je possède une fleur, je puis cueillir ma fleur et l'emporter. Mais tu ne peux pas cueillir les étoiles!
- Non, mais je puis les placer en banque.
- Qu'est-ce que ça veut dire?
- Ça veut dire que j'écris sur un petit papier le nombre de mes étoiles. Et puis j'enferme à clef ce papier-là dans un tiroir.
- Et c'est tout?
- Ça suffit!

C'est amusant, pensa le petit prince. C'est assez poétique. Mais ce n'est pas très sérieux.

Le petit prince avait sur les choses sérieuses des idées très différentes des idées des grandes personnes.
- Moi, dit-il encore, je possède une fleur que j'arrose tous les jours. Je possède trois volcans que je ramone toutes les semaines. Car je ramone aussi celui qui est éteint. On ne sait jamais. C'est utile à mes volcans, et c'est utile à ma fleur, que je les possède. Mais tu n'es pas utile aux étoiles...

Le businessman ouvrit la bouche mais ne trouva rien à répondre, et le petit prince s'en fut.

Les grandes personnes sont décidément tout à fait extraordinaires, se disait-il simplement en lui-même durant le voyage.

XIV

La cinquième planète était très curieuse. C'était la plus petite de toutes. Il y avait là juste assez de place pour loger un réverbère et un allumeur de réverbères. Le petit prince ne parvenait pas à s'expliquer à quoi pouvaient servir, quelque part dans le ciel, sur une planète sans maison ni population, un réverbère et un allumeur de réverbères. Cependant il se dit en lui-même:

– Peut-être bien que cet homme est absurde. Cependant il est moins absurde que le roi, que le vaniteux, que le businessman et que le buveur. Au moins son travail a-t-il un sens. Quand il allume son réverbère, c'est comme s'il faisait naître une étoile de plus, ou une fleur. Quand il éteint son réverbère ça endort la fleur ou l'étoile. C'est une occupation très jolie. C'est véritablement utile puisque c'est joli.

Lorsqu'il aborda la planète il salua respectueusement l'allumeur:

– Bonjour. Pourquoi viens-tu d'éteindre ton réverbère?
– C'est la consigne, répondit l'allumeur. Bonjour.
– Qu'est-ce que la consigne?
– C'est d'éteindre mon réverbère. Bonsoir.

Et il le ralluma.

– Mais pourquoi viens-tu de le rallumer?
– C'est la consigne, répondit l'allumeur.
– Je ne comprends pas, dit le petit prince.
– Il n'y a rien à comprendre, dit l'allumeur. La consigne c'est la consigne. Bonjour.

Et il éteignit son réverbère.

Puis il s'épongea le front avec un mouchoir à carreaux rouges.

– Je fais là un métier terrible. C'était raisonnable autrefois. J'éteignais le matin et j'allumais le soir. J'avais le reste du jour pour me reposer, et le reste de la nuit pour dormir...

– Et, depuis cette époque, la consigne a changé?
– La consigne n'a pas changé, dit l'allumeur. C'est bien là le drame! La planète d'année en année a tourné de plus en plus vite, et la consigne n'a pas changé!

Je fais là un métier terrible.

– Alors? dit le petit prince.
– Alors maintenant qu'elle fait un tour par minute, je n'ai plus une seconde de repos. J'allume et j'éteins une fois par minute!
– Ça c'est drôle! Les jours chez toi durent une minute!
Ce n'est pas drôle du tout, dit l'allumeur. Ça fait déjà un mois que nous parlons ensemble.
– Un mois?
– Oui. Trente minutes. Trente jours! Bonsoir.
Et il ralluma son réverbère.
Le petit prince le regarda et il aima cet allumeur qui était tellement fidèle à la consigne. Il se souvint des couchers de soleil que lui-même allait autrefois chercher, en tirant sa chaise. Il voulut aider son ami:
– Tu sais... je connais un moyen de te reposer quand tu voudras...
– Je veux toujours, dit l'allumeur.
Car on peut être, à la fois, fidèle et paresseux.
Le petit prince poursuivit:
– Ta planète est tellement petite que tu en fais le tour en trois enjambées. Tu n'as qu'à marcher assez lentement pour rester toujours au soleil. Quand tu voudras te reposer tu marcheras... et le jour durera aussi longtemps que tu voudras.
– Ça ne m'avance pas à grand'chose, dit l'allumeur. Ce que j'aime dans la vie, c'est dormir.
– Ce n'est pas de chance, dit le petit prince.
– Ce n'est pas de chance, dit l'allumeur. Bonjour.
Et il éteignit son réverbère.
Celui-là, se dit le petit prince, tandis qu'il poursuivait plus loin son voyage, celui-là serait méprisé par tous les autres, par le roi, par le vaniteux, par le buveur, par le businessman. Cependant c'est le seul qui ne me paraisse pas ridicule. C'est, peut-être, parce qu'il s'occupe d'autre chose que de soi-même.
Il eut un soupir de regret et se dit encore:
– Celui-là est le seul dont j'eusse pu faire mon ami. Mais sa planète est vraiment trop petite. Il n'y a pas de place pour deux...
Ce que le petit prince n'osait pas s'avouer, c'est qu'il regrettait cette planète bénie à cause, surtout, des mille quatre cent quarante couchers de soleil par vingt-quatre heures!

XV

La sixième planète était une planète dix fois plus vaste. Elle était habitée par un vieux Monsieur qui écrivait d'énormes livres:
– Tiens! voilà un explorateur! s'écria-t-il, quand il aperçut le petit prince.
Le petit prince s'assit sur la table et souffla un peu. Il avait déjà tant voyagé!
– D'où viens-tu? lui dit le vieux Monsieur.
– Quel est ce gros livre? dit le petit prince. Que faites-vous ici?
– Je suis géographe, dit le vieux Monsieur.
– Qu'est-ce qu'un géographe?
– C'est un savant qui connaît où se trouvent les mers, les fleuves, les villes, les montagnes et les déserts.
– Ça c'est bien intéressant, dit le petit prince. Ça, c'est enfin un véritable métier! Et il jeta un coup d'œil autour de lui sur la planète du géographe. Il n'avait jamais vu encore une planète aussi majestueuse.
– Elle est bien belle, votre planète. Est-ce qu'il y a des océans?
– Je ne puis pas le savoir, dit le géographe.
– Ah! (Le petit prince était déçu.) Et des montagnes?
– Je ne puis pas le savoir, dit le géographe.
– Et des villes et des fleuves et des déserts?
– Je ne puis pas le savoir non plus, dit le géographe.
– Mais vous êtes géographe!
– C'est exact, dit le géographe, mais je ne suis pas explorateur. Je manque absolument d'explorateurs. Ce n'est pas le géographe qui va faire le compte des villes, des fleuves, des montagnes, des mers, des océans et des déserts. Le géographe est trop important pour flâner. Il ne quitte pas son bureau. Mais il y reçoit les explorateurs. Il les interroge, et il prend en note leurs souvenirs. Et si les souvenirs de l'un d'entre eux lui paraissent intéressants, le géographe fait faire une enquête sur la moralité de l'explorateur.

– Pourquoi ça?
– Parce qu'un explorateur qui mentirait entraînerait des catastrophes dans les livres de géographie. Et aussi un explorateur qui boirait trop.
– Pourquoi ça? fit le petit prince.
– Parce que les ivrognes voient double. Alors le géographe noterait deux montagnes, là où il n'y en a qu'une seule.
– Je connais quelqu'un, dit le petit prince, qui serait mauvais explorateur.
– C'est possible. Donc, quand la moralité de l'explorateur paraît bonne, on fait une enquête sur sa découverte.
– On va voir?
– Non. C'est trop compliqué. Mais on exige de l'explorateur qu'il fournisse des preuves. S'il s'agit par exemple de la découverte d'une grosse montagne, on exige qu'il en rapporte de grosses pierres.

Le géographe soudain s'émut.

– Mais toi, tu viens de loin! Tu es explorateur! Tu vas me décrire ta planète!

Et le géographe, ayant ouvert son registre, tailla son crayon. On note d'abord au crayon les récits des explorateurs. On attend, pour noter à l'encre, que l'explorateur ait fourni des preuves.

– Alors? interrogea le géographe.

– Oh! chez moi, dit le petit prince, ce n'est pas très intéressant, c'est tout petit. J'ai trois volcans. Deux volcans en activité, et un volcan éteint. Mais on ne sait jamais.

– On ne sait jamais, dit le géographe.

– J'ai aussi une fleur.

– Nous ne notons pas les fleurs, dit le géographe.
– Pourquoi ça? c'est le plus joli!
– Parce que les fleurs sont éphémères.
– Qu'est-ce que signifie: «éphémère»?
– Les géographies, dit le géographe, sont les livres les plus sérieux de tous les livres. Elles ne se démodent jamais. Il est très rare qu'une montagne change de place. Il est très rare qu'un océan se vide de son eau. Nous écrivons des choses éternelles.
– Mais les volcans éteints peuvent se réveiller, interrompit le petit prince. Qu'est-ce que signifie: «éphémère»?
– Que les volcans soient éteints ou soient éveillés, ça revient au même pour nous autres, dit le géographe. Ce qui compte pour nous, c'est la montagne. Elle ne change pas.
– Mais qu'est-ce que signifie «éphémère»? répéta le petit prince qui, de sa vie, n'avait renoncé à une question, une fois qu'il l'avait posée.
– Ça signifie «qui est menacé de disparition prochaine.»
– Ma fleur est menacée de disparition prochaine?
– Bien sûr.
Ma fleur est éphémère, se dit le petit prince, et elle n'a que quatre épines pour se défendre contre le monde! Et je l'ai laissée toute seule chez moi!
Ce fut là son premier mouvement de regret. Mais il reprit courage:
– Que me conseillez-vous d'aller visiter? demanda-t-il.
– La planète Terre, lui répondit le géographe. Elle a une bonne réputation...
Et le petit prince s'en fut, songeant à sa fleur.

XVI

La septième planète fut donc la Terre.

La Terre n'est pas une planète quelconque! On y compte cent onze rois (en n'oubliant pas, bien sûr, les rois nègres), sept mille géographes, neuf cent mille businessmen, sept millions et demi d'ivrognes, trois cent onze millions de vaniteux, c'est-à-dire environ deux milliards de grandes personnes.

Pour vous donner une idée des dimensions de la Terre je vous dirai qu'avant l'invention de l'électricité on y devait entretenir, sur l'ensemble des six continents, une véritable armée de quatre cent soixante-deux mille cinq cent onze allumeurs de réverbères.

Vu d'un peu loin ça faisait un effet splendide. Les mouvements de cette armée étaient réglés comme ceux d'un ballet d'opéra. D'abord venait le tour des allumeurs de réverbères de Nouvelle-Zélande et d'Australie. Puis ceux-ci, ayant allumé leurs lampions, s'en allaient dormir. Alors entraient à leur tour dans la danse les allumeurs de réverbères de Chine et de Sibérie. Puis eux aussi s'escamotaient dans les coulisses. Alors venait le tour des allumeurs de réverbères de Russie et des Indes. Puis de ceux d'Afrique et d'Europe. Puis de ceux d'Amérique du Sud. Puis de ceux d'Amérique du Nord. Et jamais ils ne se trompaient dans leur ordre d'entrée en scène. C'était grandiose.

Seuls, l'allumeur de l'unique réverbère du pôle Nord, et son confrère de l'unique réverbère du pôle Sud, menaient des vies d'oisiveté et de nonchalance: ils travaillaient deux fois par an.

XVII

Quand on veut faire de l'esprit, il arrive que l'on mente un peu. Je n'ai pas été très honnête en vous parlant des allumeurs de réverbères. Je risque de donner une fausse idée de notre planète à ceux qui ne la connaissent pas. Les hommes occupent très peu de place sur la terre. Si les deux milliards d'habitants qui peuplent la terre se tenaient debout et un peu serrés, comme pour un meeting, ils logeraient aisément sur une place publique de vingt milles de long sur vingt milles de large. On pourrait entasser l'humanité sur le moindre petit îlot du Pacifique.

Les grandes personnes, bien sûr, ne vous croiront pas. Elles s'imaginent tenir beaucoup de place. Elles se voient importantes comme des baobabs. Vous leur conseillerez donc de faire le calcul. Elles adorent les chiffres: ça leur plaira. Mais ne perdez pas votre temps à ce pensum. C'est inutile. Vous avez confiance en moi.

Le petit prince, une fois sur terre, fut donc bien surpris de ne voir personne. Il avait déjà peur de s'être trompé de planète, quand un anneau couleur de lune remua dans le sable.

– Bonne nuit, fit le petit prince à tout hasard.

– Bonne nuit, fit le serpent.

– Sur quelle planète suis-je tombé? demanda le petit prince.

– Sur la Terre, en Afrique, répondit le serpent.

– Ah!... Il n'y a donc personne sur la Terre?

– Ici c'est le désert. Il n'y a personne dans les déserts. La Terre est grande, dit le serpent.

Le petit prince s'assit sur une pierre et leva les yeux vers le ciel:

– Je me demande, dit-il, si les étoiles sont éclairées afin que chacun puisse un jour retrouver la sienne. Regarde ma planète. Elle est juste au-dessus de nous... Mais comme elle est loin!

– Elle est belle, dit le serpent. Que viens-tu faire ici?

– J'ai des difficultés avec une fleur, dit le petit prince.

– Ah! fit le serpent.

Et ils se turent.

– Où sont les hommes? reprit enfin le petit prince. On est un peu seul dans le désert...

– On est seul aussi chez les hommes, dit le serpent.

Le petit prince le regarda longtemps:

– Tu es une drôle de bête, lui dit-il enfin, mince comme un doigt...

– Mais je suis plus puissant que le doigt d'un roi, dit le serpent.

Le petit prince eut un sourire:

– Tu n'es pas bien puissant... tu n'as même pas de pattes... tu ne peux même pas voyager...

– Je puis t'emporter plus loin qu'un navire, dit le serpent.

– Tu es une drôle de bête, lui dit-il enfin, mince comme un doigt...

Il s'enroula autour de la cheville du petit prince, comme un bracelet d'or:

– Celui que je touche, je le rends à la terre dont il est sorti, dit-il encore. Mais tu es pur et tu viens d'une étoile...

Le petit prince ne répondit rien.

– Tu me fais pitié, toi si faible, sur cette Terre de granit. Je puis t'aider un jour si tu regrettes trop ta planète. Je puis...

– Oh! J'ai très bien compris, fit le petit prince, mais pourquoi parles-tu toujours par énigmes?

– Je les résous toutes, dit le serpent.

Et ils se turent.

XVIII

Le petit prince traversa le désert et ne rencontra qu'une fleur. Une fleur à trois pétales, une fleur de rien du tout...

– Bonjour, dit le petit prince.

– Bonjour, dit la fleur.

– Où sont les hommes? demanda poliment le petit prince.

La fleur, un jour, avait vu passer une caravane:

– Les hommes? Il en existe, je crois, six ou sept. Je les ai aperçus il y a des années. Mais on ne sait jamais où les trouver. Le vent les promène. Ils manquent de racines, ça les gêne beaucoup.

– Adieu, fit le petit prince.

– Adieu, dit la fleur.

XIX

Le petit prince fit l'ascension d'une haute montagne. Les seules montagnes qu'il eût jamais connues étaient les trois volcans qui lui arrivaient au genou. Et il se servait du volcan éteint comme d'un tabouret. «D'une montagne haute comme celle-ci, se dit-il donc, j'apercevrai d'un coup toute la planète et tous les hommes...» Mais il n'aperçut rien que des aiguilles de roc bien aiguisées.

– Bonjour, dit-il à tout hasard.
– Bonjour... Bonjour... Bonjour... répondit l'écho.
– Qui êtes-vous? dit le petit prince.
– Qui êtes-vous... qui êtes-vous... qui êtes-vous... répondit l'écho.
– Soyez mes amis, je suis seul, dit-il.
– Je suis seul... je suis seul... je suis seul... répondit l'écho.

«Quelle drôle de planète, pensa-t-il alors! Elle est toute sèche, et toute pointue et toute salée. Et les hommes manquent d'imagination. Ils répètent ce qu'on leur dit... Chez moi j'avais une fleur: elle parlait toujours la première...»

Cette planète est toute sèche, et toute pointue et toute salée.

XX

Mais il arriva que le petit prince, ayant longtemps marché à travers les sables, les rocs et les neiges, découvrit enfin une route. Et les routes vont toutes chez les hommes.

– Bonjour, dit-il.

C'était un jardin fleuri de roses.

– Bonjour, dirent les roses.

Le petit prince les regarda. Elles ressemblaient toutes à sa fleur.

– Qui êtes-vous? leur demanda-t-il, stupéfait.

– Nous sommes des roses, dirent les roses.

– Ah! fit le petit prince ...

Et il se sentit très malheureux. Sa fleur lui avait raconté qu'elle était seule de son espèce dans l'univers. Et voici qu'il en était cinq mille, toutes semblables, dans un seul jardin!

«Elle serait bien vexée, se dit-il, si elle voyait ça ... elle tousserait énormément et ferait semblant de mourir pour échapper au ridicule. Et je serais bien obligé de faire semblant de la soigner, car, sinon, pour m'humilier moi aussi, elle se laisserait vraiment mourir ... »

Puis il se dit encore: «Je me croyais riche d'une fleur unique, et je ne possède qu'une rose ordinaire. Ça et mes trois volcans qui m'arrivent au genou, et dont l'un, peut-être, est éteint pour toujours, ça ne fait pas de moi un bien grand prince ... » Et, couché dans l'herbe, il pleura.

Et, couché dans l'herbe, il pleura.

XXI

C'est alors qu'apparut le renard:
- Bonjour, dit le renard.
- Bonjour, répondit poliment le petit prince, qui se retourna mais ne vit rien.
- Je suis là, dit la voix, sous le pommier...
- Qui es-tu? dit le petit prince. Tu es bien joli...
- Je suis un renard, dit le renard.
- Viens jouer avec moi, lui proposa le petit prince. Je suis tellement triste...
- Je ne puis pas jouer avec toi, dit le renard. Je ne suis pas apprivoisé.
- Ah! pardon, fit le petit prince.
Mais, après réflexion, il ajouta.
- Qu'est-ce que signifie «apprivoiser»?

- Tu n'es pas d'ici, dit le renard, que cherches-tu?
- Je cherche les hommes, dit le petit prince. Qu'est-ce que signifie «apprivoiser»?
- Les hommes, dit le renard, ils ont des fusils et ils chassent. C'est bien gênant! Ils élèvent aussi des poules. C'est leur seul intérêt. Tu cherches des poules?
- Non, dit le petit prince. Je cherche des amis. Qu'est-ce que signifie «apprivoiser»?
- C'est une chose trop oubliée, dit le renard. Ça signifie «créer des liens...»
- Créer des liens?
- Bien sûr, dit le renard. Tu n'es encore pour moi qu'un petit garçon tout semblable à cent mille petits garçons. Et je n'ai pas besoin de toi. Et tu n'as pas besoin de moi non plus. Je ne suis pour toi qu'un renard semblable à cent mille renards. Mais, si tu m'apprivoises, nous aurons besoin l'un de l'autre. Tu seras pour moi unique au monde. Je serai pour toi unique au monde...
- Je commence à comprendre, dit le petit prince. Il y a une fleur... je crois qu'elle m'a apprivoisé...
- C'est possible, dit le renard. On voit sur la terre toutes sortes de choses...
- Oh! ce n'est pas sur la Terre, dit le petit prince.
Le renard parut très intrigué:
- Sur une autre planète?
- Oui.
- Il y a des chasseurs, sur cette planète-là?
- Non.
- Ça c'est intéressant! Et des poules?
- Non.
- Rien n'est parfait, soupira le renard.
- Mais le renard revint à son idée:
- Ma vie est monotone. Je chasse les poules, les hommes me chassent. Toutes les poules se ressemblent, et tous les hommes se ressemblent. Je m'ennuie donc un peu. Mais, si tu m'apprivoises, ma vie sera comme ensoleillée. Je connaîtrai un bruit de pas qui sera différent de tous les autres. Les autres pas me font rentrer sous terre. Le tien m'appellera hors du terrier, comme une musique. Et puis regarde! Tu vois, là-bas, les champs de blé? Je ne mange pas de pain. Le blé pour moi est inutile. Les champs de blé

Si tu viens, par exemple, à quatre heures de l'après-midi, dès trois heures je commencerai d'être heureux.

ne me rappellent rien. Et ça, c'est triste! Mais tu as des cheveux couleur d'or. Alors ce sera merveilleux quand tu m'auras apprivoisé! Le blé, qui est doré, me fera souvenir de toi. Et j'aimerai le bruit du vent dans le blé...

Le renard se tut et regarda longtemps le petit prince:

– S'il te plaît... apprivoise-moi, dit-il!

– Je veux bien, répondit le petit prince, mais je n'ai pas beaucoup de temps. J'ai des amis à découvrir et beaucoup de choses à connaître.

– On ne connaît que les choses que l'on apprivoise, dit le renard. Les hommes n'ont plus le temps de rien connaître. Ils achètent des choses toutes faites chez les marchands. Mais comme il n'existe point de marchands d'amis, les hommes n'ont plus d'amis. Si tu veux un ami, apprivoise-moi!

– Que faut-il faire? dit le petit prince.

– Il faut être très patient, répondit le renard. Tu t'assoiras d'abord un peu loin de moi, comme ça, dans l'herbe. Je te regarderai du coin de l'œil et tu ne diras rien. Le langage est source de malentendus. Mais, chaque jour, tu pourras t'asseoir un peu plus près...

Le lendemain revint le petit prince.

– Il eût mieux valu revenir à la même heure, dit le renard. Si tu viens, par exemple, à quatre heures de l'après-midi, dès trois heures je commencerai d'être heureux. Plus l'heure avancera, plus je me sentirai heureux. A quatre heures, déjà, je m'agiterai et m'inquiéterai: je découvrirai le prix du bonheur! Mais si tu viens n'importe quand, je ne saurai jamais à quelle heure m'habiller le cœur... Il faut des rites.

– Qu'est-ce qu'un rite? dit le petit prince.

– C'est aussi quelque chose de trop oublié, dit le renard. C'est ce qui fait qu'un jour est différent des autres jours, une heure, des autres heures. Il y a un rite, par exemple, chez mes chasseurs. Ils dansent le jeudi avec les filles du village. Alors le jeudi est jour merveilleux! Je vais me promener jusqu'à la vigne. Si les chasseurs dansaient n'importe quand, les jours se ressembleraient tous, et je n'aurais point de vacances.

Ainsi le petit prince apprivoisa le renard. Et quand l'heure du départ fut proche:

– Ah! dit le renard... Je pleurerai.

– C'est ta faute, dit le petit prince, je ne te souhaitais point de mal, mais tu as voulu que je t'apprivoise...
– Bien sûr, dit le renard.
– Mais tu vas pleurer! dit le petit prince.
– Bien sûr, dit le renard.
– Alors tu n'y gagnes rien!
– J'y gagne, dit le renard, à cause de la couleur du blé.
Puis il ajouta:
– Va revoir les roses. Tu comprendras que la tienne est unique au monde. Tu reviendras me dire adieu, et je te ferai cadeau d'un secret.

Le petit prince s'en fut revoir les roses:
– Vous n'êtes pas du tout semblables à ma rose, vous n'êtes rien encore, leur dit-il. Personne ne vous a apprivoisées et vous n'avez apprivoisé personne. Vous êtes comme était mon renard. Ce n'était qu'un renard semblable à cent mille autres. Mais j'en ai fait mon ami, et il est maintenant unique au monde.

Et les roses étaient bien gênées.
– Vous êtes belles, mais vous êtes vides, leur dit-il encore. On ne peut pas mourir pour vous. Bien sûr, ma rose à moi, un passant ordinaire croirait qu'elle vous ressemble. Mais à elle seule elle est plus importante que vous toutes, puisque c'est elle que j'ai arrosée. Puisque c'est elle que j'ai mise sous globe. Puisque c'est elle que j'ai abritée par le paravent. Puisque c'est elle dont j'ai tué les chenilles (sauf les deux ou trois pour les papillons). Puisque c'est elle que j'ai écoutée se plaindre, ou se vanter, ou même quelquefois se taire. Puisque c'est ma rose.

Et il revint vers le renard:
– Adieu, dit-il...
– Adieu, dit le renard. Voici mon secret. Il est très simple: on ne voit bien qu'avec le cœur. L'essentiel est invisible pour les yeux.
– L'essentiel est invisible pour les yeux, répéta le petit prince, afin de se souvenir.
– C'est le temps que tu as perdu pour ta rose qui fait ta rose si importante.

— C'est le temps que j'ai perdu pour ma rose... fit le petit prince, afin de se souvenir.

— Les hommes ont oublié cette vérité, dit le renard. Mais tu ne dois pas l'oublier. Tu deviens responsable pour toujours de ce que tu as apprivoisé. Tu es responsable de ta rose...

— Je suis responsable de ma rose... répéta le petit prince, afin de se souvenir.

XXII

— Bonjour, dit le petit prince.
— Bonjour, dit l'aiguilleur.
— Que fais-tu ici? dit le petit prince.
— Je trie les voyageurs, par paquets de mille, dit l'aiguilleur. J'expédie les trains qui les emportent, tantôt vers la droite, tantôt vers la gauche.

Et un rapide illuminé, grondant comme le tonnerre, fit trembler la cabine d'aiguillage.

— Ils sont bien pressés, dit le petit prince. Que cherchent-ils?
— L'homme de la locomotive l'ignore lui-même, dit l'aiguilleur.

Et gronda, en sens inverse, un second rapide illuminé.
— Ils reviennent déjà? demanda le petit prince...
— Ce ne sont pas les mêmes, dit l'aiguilleur. C'est un échange.
— Ils n'étaient pas contents, là où ils étaient?
— On n'est jamais content là où l'on est, dit l'aiguilleur.

Et gronda le tonnerre d'un troisième rapide illuminé.
— Ils poursuivent les premiers voyageurs? demanda le petit prince.
— Ils ne poursuivent rien du tout, dit l'aiguilleur. Ils dorment là-dedans, ou bien ils bâillent. Les enfants seuls écrasent leur nez contre les vitres.
— Les enfants seuls savent ce qu'ils cherchent, fit le petit prince. Ils perdent du temps pour une poupée de chiffons, et elle devient très importante, et si on la leur enlève, ils pleurent...
— Ils ont de la chance, dit l'aiguilleur.

XXIII

– Bonjour, dit le petit prince.
– Bonjour, dit le marchand.
C'était un marchand de pilules perfectionnées qui apaisent la soif. On en avale une par semaine et l'on n'éprouve plus le besoin de boire.
– Pourquoi vends-tu ça? dit le petit prince.
– C'est une grosse économie de temps, dit le marchand. Les experts ont fait des calculs. On épargne cinquante-trois minutes par semaine.
– Et que fait-on de ces cinquante-trois minutes?
– On en fait ce que l'on veut...
«Moi, se dit le petit prince, si j'avais cinquante-trois minutes à dépenser, je marcherais tout doucement vers une fontaine...»

XXIV

Nous en étions au huitième jour de ma panne dans le désert, et j'avais écouté l'histoire du marchand en buvant la dernière goutte de ma provision d'eau:

– Ah! dis-je au petit prince, ils sont bien jolis, tes souvenirs, mais je n'ai pas encore réparé mon avion, je n'ai plus rien à boire, et je serais heureux, moi aussi, si je pouvais marcher tout doucement vers une fontaine!

– Mon ami le renard, me dit-il...

– Mon petit bonhomme, il ne s'agit plus du renard!

– Pourquoi?

– Parce qu'on va mourir de soif...

Il ne comprit pas mon raisonnement, il me répondit:

– C'est bien d'avoir eu un ami, même si l'on va mourir. Moi, je suis bien content d'avoir eu un ami renard...

Il ne mesure pas le danger, me dis-je. Il n'a jamais ni faim ni soif. Un peu de soleil lui suffit...

Mais il me regarda et répondit à ma pensée:

– J'ai soif aussi... cherchons un puits...

J'eus un geste de lassitude: il est absurde de chercher un puits, au hasard, dans l'immensité du désert. Cependant nous nous mîmes en marche.

Quand nous eûmes marché, des heures, en silence, la nuit tomba, et les étoiles commencèrent de s'éclairer. Je les apercevais comme en rêve, ayant un peu de fièvre, à cause de ma soif. Les mots du petit prince dansaient dans ma mémoire:

– Tu as donc soif, toi aussi? lui demandai-je.

Mais il ne répondit pas à ma question. Il me dit simplement:

– L'eau peut aussi être bonne pour le cœur...

Je ne compris pas sa réponse mais je me tus... Je savais bien qu'il ne fallait pas l'interroger.

Il était fatigué. Il s'assit. Je m'assis auprès de lui. Et, après un silence, il dit encore:

– Les étoiles sont belles, à cause d'une fleur que l'on ne voit pas...

Je répondis «bien sûr» et je regardai, sans parler, les plis du sable sous la lune.

– Le désert est beau, ajouta-t-il...

Et c'était vrai. J'ai toujours aimé le désert. On s'assoit sur une dune de sable. On ne voit rien. On n'entend rien. Et cependant quelque chose rayonne en silence...

– Ce qui embellit le désert, dit le petit prince, c'est qu'il cache un puits quelque part...

Je fus surpris de comprendre soudain ce mystérieux rayonnement du sable. Lorsque j'étais petit garçon j'habitais une maison ancienne, et la légende racontait qu'un trésor y était enfoui. Bien sûr, jamais personne n'a su le découvrir, ni, peut-être même ne l'a cherché. Mais il enchantait toute cette maison. Ma maison cachait un secret au fond de son cœur...

– Oui, dis-je au petit prince, qu'il s'agisse de la maison, des étoiles ou du désert, ce qui fait leur beauté est invisible!

– Je suis content, dit-il, que tu sois d'accord avec mon renard.

Comme le petit prince s'endormait, je le pris dans mes bras, et me remis en route. J'étais ému. Il me semblait porter un trésor fragile. Il me semblait même qu'il n'y eût rien de plus fragile sur la Terre. Je regardais, à la lumière de la lune, ce front pâle, ces yeux clos, ces mèches de cheveux qui tremblaient au vent, et je me disais: ce que je vois là n'est qu'une écorce. Le plus important est invisible...

Comme ses lèvres entr'ouvertes ébauchaient un demi-sourire je me dis encore: «Ce qui m'émeut si fort de ce petit prince endormi, c'est sa fidélité pour une fleur, c'est l'image d'une rose qui rayonne en lui comme la flamme d'une lampe, même quand il dort...» Et je le devinai plus fragile encore. Il faut bien protéger les lampes: un coup de vent peut les éteindre...

Et, marchant ainsi, je découvris le puits au lever du jour.

Il rit, toucha la corde, fit jouer la poulie.

XXV

– Les hommes, dit le petit prince, ils s'enfournent dans les rapides, mais ils ne savent plus ce qu'ils cherchent. Alors ils s'agitent et tournent en rond...
Et il ajouta:
– Ce n'est pas la peine...
Le puits que nous avions atteint ne ressemblait pas aux puits sahariens. Les puits sahariens sont de simples trous creusés dans le sable. Celui-là ressemblait à un puits de village. Mais il n'y avait là aucun village, et je croyais rêver.
– C'est étrange, dis-je au petit prince, tout est prêt: la poulie, le seau et la corde...
Il rit, toucha la corde, fit jouer la poulie. Et la poulie gémit comme gémit une vieille girouette quand le vent a longtemps dormi.
– Tu entends, dit le petit prince, nous réveillons ce puits et il chante...
Je ne voulais pas qu'il fît un effort:
– Laisse-moi faire, lui dis-je, c'est trop lourd pour toi.
Lentement je hissai le seau jusqu'à la margelle. Je l'y installai bien d'aplomb. Dans mes oreilles durait le chant de la poulie, et, dans l'eau qui tremblait encore, je voyais trembler le soleil.
– J'ai soif de cette eau-là, dit le petit prince, donne-moi à boire...
Et je compris ce qu'il avait cherché!
Je soulevai le seau jusqu'à ses lèvres. Il but, les yeux fermés. C'était doux comme une fête. Cette eau était bien autre chose qu'un aliment. Elle était née de la marche sous les étoiles, du chant de la poulie, de l'effort de mes bras. Elle était bonne pour le cœur, comme un cadeau. Lorsque j'étais petit garçon, la lumière de l'arbre de Noël, la musique de la messe de minuit, la douceur des sourires faisaient, ainsi, tout le rayonnement du cadeau de Noël que je recevais.
– Les hommes de chez toi, dit le petit prince, cultivent cinq mille roses dans un même jardin... et ils n'y trouvent pas ce qu'ils cherchent...
Ils ne le trouvent pas, répondis-je...

– Et cependant ce qu'ils cherchent pourrait être trouvé dans une seule rose ou un peu d'eau...

– Bien sûr, répondis-je.

Et le petit prince ajouta:

– Mais les yeux sont aveugles. Il faut chercher avec le cœur.

J'avais bu. Je respirais bien. Le sable, au lever du jour, est couleur de miel. J'étais heureux aussi de cette couleur de miel. Pourquoi fallait-il que j'eusse de la peine...

– Il faut que tu tiennes ta promesse, me dit doucement le petit prince, qui, de nouveau, s'était assis auprès de moi.

– Quelle promesse?

– Tu sais... une muselière pour mon mouton... je suis responsable de cette fleur!

Je sortis de ma poche mes ébauches de dessin. Le petit prince les aperçut et dit en riant:

– Tes baobabs, ils ressemblent un peu à des choux...

– Oh!

Moi qui étais si fier des baobabs!

– Ton renard... ses oreilles... elles ressemblent un peu à des cornes... et elles sont trop longues!

Et il rit encore.

– Tu es injuste, petit bonhomme, je ne savais rien dessiner que les boas fermés et les boas ouverts.

– Oh! ça ira, dit-il, les enfants savent.

Je crayonnai donc une muselière. Et j'eus le cœur serré en la lui donnant:

– Tu as des projets que j'ignore...

– Mais il ne me répondit pas. Il me dit:

– Tu sais, ma chute sur la terre... c'en sera demain l'anniversaire...

Puis, après un silence il dit encore:

– J'étais tombé tout près d'ici...

Et il rougit.

Et de nouveau, sans comprendre pourquoi, j'éprouvai un chagrin bizarre. Cependant une question me vint:

– Alors ce n'est pas par hasard que, le matin où je t'ai connu, il y a huit jours, tu te promenais comme ça, tout seul, à mille milles de toutes les régions habitées! Tu retournais vers le point de ta chute?

Le petit prince rougit encore.
Et j'ajoutai, en hésitant:
– A cause, peut-être, de l'anniversaire?...
Le petit prince rougit de nouveau. Il ne répondait jamais aux questions, mais, quand on rougit, ça signifie «oui», n'est-ce pas?
– Ah! lui dis-je, j'ai peur...
Mais il me répondit:
– Tu dois maintenant travailler. Tu dois repartir vers ta machine. Je t'attends ici. Reviens demain soir...
Mais je n'étais pas rassuré. Je me souvenais du renard. On risque de pleurer un peu si l'on s'est laissé apprivoiser...

XXVI

Il y avait, à côté du puits, une ruine de vieux mur de pierre. Lorsque je revins de mon travail, le lendemain soir, j'aperçus de loin mon petit prince assis là-haut, les jambes pendantes. Et je l'entendis qui parlait:
– Tu ne t'en souviens donc pas? disait-il. Ce n'est pas tout à fait ici!
Une autre voix lui répondit sans doute, puisqu'il répliqua:
– Si! Si! c'est bien le jour, mais ce n'est pas ici l'endroit...
Je poursuivis ma marche vers le mur. Je ne voyais ni n'entendais toujours personne. Pourtant le petit prince répliqua de nouveau:
– ... Bien sûr! Tu verras où commence ma trace dans le sable. Tu n'as qu'à m'y attendre. J'y serai cette nuit.
J'étais à vingt mètres du mur et je ne voyais toujours rien.
Le petit prince dit encore, après un silence:
– Tu as du bon venin? Tu es sûr de ne pas me faire souffrir longtemps?
Je fis halte, le cœur serré, mais je ne comprenais toujours pas.
– Maintenant va-t'en, dit-il... je veux redescendre!
Alors j'abaissai moi-même les yeux vers le pied du mur, et je fis un bond! Il était là, dressé vers le petit prince, un de ces serpents jaunes qui vous exécutent en trente secondes. Tout en fouillant ma poche pour en tirer mon revolver, je pris le pas de course, mais, au bruit que je fis, le serpent se laissa doucement couler

71

Maintenant, va-t'en, dit-il... je veux redescendre!

dans le sable, comme un jet d'eau qui meurt, et, sans trop se presser, se faufila entre les pierres avec un léger bruit de métal.

Je parvins au mur juste à temps pour y recevoir dans les bras mon petit bonhomme de prince, pâle comme la neige.

– Quelle est cette histoire-là! Tu parles maintenant avec les serpents!

J'avais défait son éternel cache-nez d'or. Je lui avais mouillé les tempes et l'avais fait boire. Et maintenant je n'osais plus rien lui demander. Il me regarda gravement et m'entoura le cou de ses bras. Je sentais battre son cœur comme celui d'un oiseau qui meurt, quand on l'a tiré à la carabine. Il me dit:

– Je suis content que tu aies trouvé ce qui manquait à ta machine. Tu vas pouvoir rentrer chez toi...

– Comment sais-tu!

Je venais justement lui annoncer que, contre toute espérance, j'avais réussi mon travail!

Il ne répondit rien à ma question, mais il ajouta:

– Moi aussi, aujourd'hui, je rentre chez moi...

Puis, mélancolique:

– C'est bien plus loin... c'est bien plus difficile...

Je sentais bien qu'il se passait quelque chose d'extraordinaire. Je le serrais dans les bras comme un petit enfant, et cependant il me semblait qu'il coulait verticalement dans un abîme sans que je pusse rien pour le retenir...

Il avait le regard sérieux, perdu très loin:

– J'ai ton mouton. Et j'ai la caisse pour le mouton. Et j'ai la muselière...

Et il sourit avec mélancolie.

J'attendis longtemps. Je sentais qu'il se réchauffait peu à peu:

– Petit bonhomme, tu as eu peur...

Il avait eu peur, bien sûr! Mais il rit doucement:

– J'aurai bien plus peur ce soir...

De nouveau je me sentis glacé par le sentiment de l'irréparable. Et je compris que je ne supportais pas l'idée de ne plus jamais entendre ce rire. C'était pour moi comme une fontaine dans le désert.

– Petit bonhomme, je veux encore t'entendre rire...

Mais il me dit:

— Cette nuit, ça fera un an. Mon étoile se trouvera juste au-dessus de l'endroit où je suis tombé l'année dernière...

— Petit bonhomme, n'est-ce pas que c'est un mauvais rêve cette histoire de serpent et de rendez-vous et d'étoile...

Mais il ne répondit pas à ma question. Il me dit :

— Ce qui est important, ça ne se voit pas...

— Bien sûr...

— C'est comme pour la fleur. Si tu aimes une fleur qui se trouve dans une étoile, c'est doux, la nuit, de regarder le ciel. Toutes les étoiles sont fleuries.

— Bien sûr...

— C'est comme pour l'eau. Celle que tu m'as donnée à boire était comme une musique, à cause de la poulie et de la corde... tu te rappelles... elle était bonne.

— Bien sûr...

— Tu regarderas, la nuit, les étoiles. C'est trop petit chez moi pour que je te montre où se trouve la mienne. C'est mieux comme ça. Mon étoile, ça sera pour toi une des étoiles. Alors, toutes les étoiles, tu aimeras les regarder... Elles seront toutes tes amies. Et puis je vais te faire un cadeau...

Il rit encore.

— Ah ! petit bonhomme, petit bonhomme, j'aime entendre ce rire !

— Justement ce sera mon cadeau... ce sera comme pour l'eau...

— Que veux-tu dire ?

— Les gens ont des étoiles qui ne sont pas les mêmes. Pour les uns, qui voyagent, les étoiles sont des guides. Pour d'autres elles ne sont rien que de petites lumières. Pour d'autres qui sont savants elles sont des problèmes. Pour mon businessman elles étaient de l'or. Mais toutes ces étoiles-là se taisent. Toi, tu auras des étoiles comme personne n'en a...

— Que veux-tu dire ?

— Quand tu regarderas le ciel, la nuit, puisque j'habiterai dans l'une d'elles, puisque je rirai dans l'une d'elles, alors ce sera pour toi comme si riaient toutes les étoiles. Tu auras, toi, des étoiles qui savent rire !

Et il rit encore.

— Et quand tu seras consolé (on se console toujours) tu seras content de m'avoir connu. Tu seras toujours mon ami. Tu auras envie de rire avec moi. Et tu ouvriras parfois ta fenêtre, comme ça, pour le plaisir... Et tes amis seront bien étonnés de te voir rire en regardant le ciel. Alors tu leur diras: «Oui, les étoiles, ça me fait toujours rire!» Et ils te croiront fou. Je t'aurai joué un bien vilain tour...

Et il rit encore.

– Ce sera comme si je t'avais donné, au lieu d'étoiles, des tas de petits grelots qui savent rire...

Et il rit encore. Puis il redevint sérieux:

– Cette nuit... tu sais... ne viens pas.

– Je ne te quitterai pas.

– J'aurai l'air d'avoir mal... j'aurai un peu l'air de mourir. C'est comme ça, ce n'est pas la peine...

– Je ne te quitterai pas.

Mais il était soucieux.

– Je te dis ça... c'est à cause aussi du serpent. Il ne faut pas qu'il te morde... Les serpents, c'est méchant. Ça peut mordre pour le plaisir...

– Je ne te quitterai pas.

Mais quelque chose le rassura:

– C'est vrai qu'ils n'ont plus de venin pour la seconde morsure...

Cette nuit-là, je ne le vis pas se mettre en route. Il s'était évadé sans bruit. Quand je réussis à le rejoindre, il marchait décidé, d'un pas rapide. Il me dit seulement:

Ah! tu es là...

Et il me prit par la main. Mais il se tourmenta encore:

– Tu as eu tort. Tu auras de la peine. J'aurai l'air d'être mort et ce ne sera pas vrai...

Moi, je me taisais.

– Tu comprends. C'est trop loin. Je ne peux pas emporter ce corps-là. C'est trop lourd.

Moi, je me taisais.

– Mais ce sera comme une vieille écorce abandonnée. Ce n'est pas triste les vieilles écorces...

Moi, je me taisais.

Il se découragea un peu. Mais il fit encore un effort:

– Ce sera gentil, tu sais. Moi aussi, je regarderai les étoiles. Toutes les étoiles seront des puits avec une poulie rouillée. Toutes les étoiles me verseront à boire...

Moi, je me taisais.

– Ce sera tellement amusant! Tu auras cinq cent millions de grelots, j'aurai cinq cent millions de fontaines...

Et il se tut aussi, parce qu'il pleurait...

— C'est là. Laisse-moi faire un pas tout seul.

Et il s'assit parce qu'il avait peur. Il dit encore:

— Tu sais ... ma fleur ... j'en suis responsable! Et elle est tellement faible! Et elle est tellement naïve. Elle a quatre épines de rien du tout pour la protéger contre le monde ...

Moi, je m'assis parce que je ne pouvais plus me tenir debout. Il dit:

— Voilà ... C'est tout ...

Il hésita encore un peu, puis il se releva. Il fit un pas. Moi, je ne pouvais pas bouger.

Il n'y eut rien qu'un éclair jaune près de sa cheville. Il demeura un instant immobile. Il ne cria pas. Il tomba doucement comme tombe un arbre. Ça ne fit même pas de bruit, à cause du sable.

XXVII

Et maintenant, bien sûr, ça fait six ans déjà ... Je n'ai jamais encore raconté cette histoire. Les camarades qui m'ont revu ont été bien contents de me revoir vivant. J'étais triste mais je leur disais: C'est la fatigue ...

Maintenant je me suis un peu consolé. C'est-à-dire ... pas tout à fait. Mais je sais bien qu'il est revenu à sa planète, car, au lever du jour, je n'ai pas retrouvé son corps. Ce n'était pas un corps tellement lourd ... Et j'aime la nuit écouter les étoiles. C'est comme cinq cent millions de grelots ...

Mais voilà qu'il se passe quelque chose d'extraordinaire. La muselière que j'ai dessinée pour le petit prince, j'ai oublié d'y ajouter la courroie de cuir! Il n'aura jamais pu l'attacher au mouton. Alors je me demande: Que s'est-il passé sur la planète. Peut-être bien que le mouton a mangé la fleur ...

Tantôt je me dis: «Sûrement non! Le petit prince enferme sa fleur toutes les nuits sous son globe de verre, et il surveille bien son mouton ...» Alors je suis heureux. Et toutes les étoiles rient doucement.

Tantôt je me dis: «On est distrait une fois ou l'autre, et ça suffit! Il a oublié, un soir, le globe de verre, ou bien le mouton est sorti sans bruit pendant la nuit ...» Alors les grelots se changent tous en larmes! ...

Il tomba doucement comme tombe un arbre.

C'est là un bien grand mystère. Pour vous qui aimez aussi le petit prince, comme pour moi, rien de l'univers n'est semblable si quelque part, on ne sait où, un mouton que nous ne connaissons pas a, oui ou non, mangé une rose...

Regardez le ciel. Demandez-vous: le mouton oui ou non a-t-il mangé la fleur? Et vous verrez comme tout change...

Et aucune grande personne ne comprendra jamais que ça a tellement d'importance!

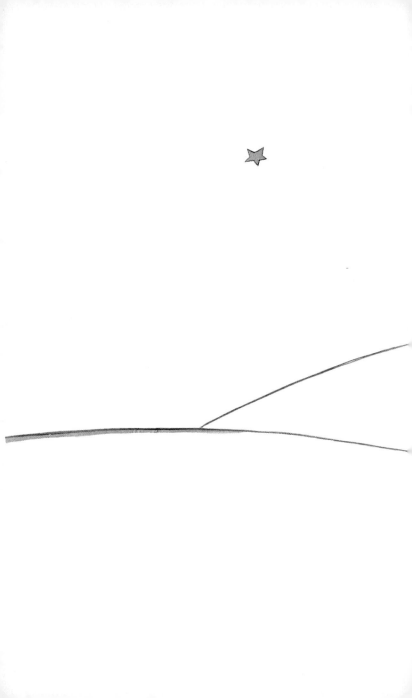

Ça c'est, pour moi, le plus beau et le plus triste paysage du monde. C'est ici que le petit prince a apparu sur terre, puis disparu.

Regardez attentivement ce paysage afin d'être sûrs de le reconnaître, si vous voyagez un jour en Afrique, dans le désert. Et, s'il vous arrive de passer par là, je vous en supplie, ne vous pressez pas, attendez un peu juste sous l'étoile! Si alors un enfant vient à vous, s'il rit, s'il a des cheveux d'or, s'il ne répond pas quand on l'interroge, vous devinerez bien qui il est. Alors soyez gentils! Ne me laissez pas tellement triste: écrivez-moi vite qu'il est revenu...

ANNOTATIONS

Le genre des substantifs n'est marqué par *m* ou *f* que lorsqu'il n'est pas à reconnaître dans le texte.

Abréviations

cp.	comparer	*qc.*	quelque chose
f	féminin	*qn*	quelqu'un
fig.	au sens figuré	*p.*	page
m	masculin	*pl*	pluriel
		v.pl.h.	voir plus haut (s. oben)

Introduction

5   3 *origine f* – provenance (Herkunft, Abstammung)
     orphelin m – enfant qui a perdu son père et sa mère, ou l'un d'eux
   6 *échouer* – ne pas réussir (scheitern, durchfallen)
   7 *brevet* – diplôme délivré par l'État (Diplom, Zeugnis)
   8 *se vouer* – se consacrer (sich widmen)
  10 *liaison* – jonction (Verbindung)
  12 *aéroport m* – ensemble des installations aménagées pour le fonctionnement régulier des lignes aériennes de transport (Flughafen)
  14 *escale* – lieu de relâche et de ravitaillement pour les navires et les avions (Zwischenlandeplatz)
  20 *plafonner* – voler aussi haut que possible (in Gipfelhöhe fliegen)
  21 *cime f* – sommet d'une montagne
  28 *s'abattre* – se précipiter sur la terre (abstürzen)
  29 *confins m pl* – limites, extrémités d'un pays (Grenzen)

6   1 *escadrille* – groupe de quelques avions (Staffel)
     reconnaissance – opération pour obtenir des renseignements sur les positions ou les mouvements de l'ennemi (Aufklärung, Erkundung)
   2 *débâcle* – changement brusque qui amène le désordre, la destruction (Zusammenbruch)
   4 *armistice m* – interruption provisoire des hostilités (Waffenstillstand)
  12 *ébauche f* – (cp. p. 70, 14)
  17 *espace m* – étendue indéfinie (Raum)
  18 *alternance f* – action d'alterner (= se succéder avec plus ou moins de régularité) (Wechselspiel)
  19 *introspection f* – étude de l'âme par elle-même (Innenschau)
  20 *entité* – ce qui constitue l'essence d'un être (Wesenheit)

27 *pierre de touche* – pierre noire et très dure pour essayer l'or et l'argent (Prüfstein)
29 *termitière* – nid de termites (Termitenhügel)
38 *entrevoir* – prévoir confusément (vorausahnen)
39 *impliquer* – renfermer, contenir en soi (miteinbegreifen)

7   12 *s'achever* – fig.: devenir parfait (vollkommen werden)
13 *inaccessible* – dont l'accès est impossible (unzugänglich)
s'incarner – s'unir à la chair, à la nature humaine (Mensch, Fleisch werden, sich verkörpern)
27 *adulte m* – qui a terminé son adolescence (Erwachsener)
28 *agrément m* – qualité pour laquelle quelque chose plaît (Vergnügen, Freude)
33 *anticiper* – devancer, exécuter avant le temps fixé (vorwegnehmen)
dévoiler – ôter le voile, révéler ce qui était secret (enthüllen)

8   4 *énigme f* – (cp. p. 54, 9)
9 *doué* – ici: intelligent (begabt)
10 *percer* – passer à travers (durchdringen)
12 *point d'intersection* – lieu où deux lignes se coupent (Schnittpunkt)
26 *assujettir* – ranger sous sa domination (unterwerfen)
trompeur, se – qui induit en erreur (trügerisch)

9   1 *apprivoiser* – (cp. p. 59, 10)
3 *exceptionnel* – qui forme exception
5 *épanouissement m* – action de s'épanouir (= faire ouvrir) (Aufblühen)
éperdu, e – troublé par une violente émotion (hingerissen)
7 *désenchanter* – décevoir, désappointer
9 *hypochondriaque* – qui est toujours inquiet sur sa santé
23 *puits* – (cp. p. 66, 18)
24 *pénombre* – demi-jour, lumière faible (Halbdunkel)
30 *vertige* – étourdissement momentané dans lequel on croit voir les objets tourner autour de soi (Schwindel)
33 *dépouille* – peau que rejettent certains animaux tels que le serpent, le ver à soie etc. (abgeworfene Haut)
ascension – (cp. p. 55, 1)
36 *accabler* – faire succomber sous le poids (niederdrücken)
37 *sublime* – le plus haut, le plus élevé, en parlant des choses morales ou intellectuelles (erhaben)

10   5 *pesanteur* – lourdeur (Schwere)
macabre – funèbre (düster)

I.

11
2 *forêt vierge* – forêt non habitée (Urwald)
3 *serpent* – reptile sans pieds (Schlange)
 ~ *boa* – serpent d'Amérique atteignant plusieurs mètres de long (Riesenschlange)
 avaler – faire descendre par le gosier jusque dans l'estomac (verschlingen)
 fauve – animal sauvage (wildes Tier)
4 *proie f* – victime dont on s'empare (Beute, Opfer)
5 *mâcher* – broyer avec les dents (kauen)
 bouger – se mouvoir (sich bewegen, sich rühren)
6 *digestion f* – élaboration des aliments dans l'estomac et l'intestin (Verdauung)
7 *jungle* – dans l'Inde, vaste espace couvert d'arbres et de hautes herbes (Dschungel)
8 *tracer* – tirer les lignes d'un dessin, d'un plan (zeichnen) ~ *un dessin* (eine Zeichnung anfertigen)

12
3 *digérer* – faire la digestion (v. pl. h.) (verdauen)
7 *conseiller* – donner un conseil, un avis (raten)
 laisser de côté – abandonner, renoncer à (beiseite lassen, aufgeben)
12 *insuccès m* – échec (Misserfolg)
14 *fatigant* – qui cause de la fatigue, de la lassitude (ermüdend)
16 *piloter un avion* – conduire un avion, un aéroplane (ein Flugzeug steuern)
19 *Arizona* – État dans le sud-ouest des USA
20 *s'égarer* – se perdre, perdre le droit chemin (sich verirren)
21 *tas* – monceau d'objets mis les uns sur les autres (Haufen, Menge)
23 *améliorer* – rendre meilleur
24 *lucide* – qui voit, comprend, explique clairement les choses (einsichtig)
25 *expérience f* – épreuve, essai effectué pour démonstrer ou vérifier qc. (Experiment, Erfahrung)
26 *conserver* – garder avec soin (sorgfältig aufbewahren)
 compréhensif, ve – qui comprend facilement, intelligent (verständnisvoll)
29 *portée* – étendue où la main, la vue, la voix peuvent arriver. *se mettre à la* ~ *de qn* (sich auf den Standpunkt eines Menschen stellen, sich auf jem. einstellen)

II.

13   2 *désert* – pays aride et inhabité (Wüste)
     3 *se casser* – se rompre (zerbrechen, entzweigehen)
     4 *mécanicien m* – qui s'occupe de la mécanique et de ses applications (Mechaniker)
       se préparer – se disposer (sich anschicken)
     8 *mille m* – mesure itinéraire qui, chez les Romains, valait mille pas (Meile)
     9 *naufragé* – qui a fait naufrage (perte d'un navire sur mer) (Schiffbrüchiger)
   10 *radeau* – pièces de bois liées ensemble, formant une sorte de plancher sur l'eau, et pouvant, au besoin, servir à la navigation (Floß)
   11 *drôle* – amusant, comique. *une ∼ de voix* (eine drollige Stimme)
   13 *mouton* – (Hammel, Schaf)
   17 *foudre* – décharge électrique aérienne, accompagnée d'explosion (tonnerre) et de lumière (éclair) (Blitz)
   18 *petit bonhomme* – petit garçon (Männlein, Kerlchen)
      considérer – regarder attentivement (betrachten)
   21 *ravissant* – charmant
      faute – manquement contre le devoir (Schuld)
   23 *sauf* – excepté (außer)
   25 *apparition* – manifestation subite d'un être, d'un objet, vision (Erscheinung)
   28 *fatigue f* – lassitude causée par un effort prolongé (Ermüdung) (v. pl. h.: fatigant I)
   29 *apparence f* – ce qui apparaît au dehors, extérieur, impression (Anschein, Eindruck)

14   1 *impressionnant* – qui produit une impression (eindrucksvoll)
      désobéir – ne pas obéir
     3 *endroit* – lieu
      danger m – péril, risque. *∼ de mort* (Lebensgefahr)
     4 *stylographe* – porte-plume à réservoir d'encre (Füllfederhalter)
     7 *humeur* – disposition de l'esprit (Laune, Stimmung)

15   3 *capable* – qui est en état de faire une chose (fähig)
      stupéfait – interdit (verdutzt)
     6 *encombrer* – embarrasser par la multitude des objets, occuper en trop grand nombre (Platz einnehmen)
   14 *indulgence f* – facilité à pardonner (Nachsicht)
   16 *bélier* – mâle de la brebis (Widder)
      corne f – partie dure et conique qui se forme sur la tête de certains ruminants (Horn)

18 *précédent* – qui est immédiatement avant (vorhergehend)
21 *faute de* – par l'absence de. ~ *de patience* comme je perdais patience
22 *démontage* – action de démonter (désassembler les parties d'un tout) (Abbau, Demontage)
23 *griffonner* – dessiner à la hâte (kritzeln)
24 *lancer* – ici: jeter un mot
25 *caisse* – coffre de bois (Kiste)
27 *s'illuminer* – s'éclairer (aufleuchten)
28 *juge* – magistrat chargé de rendre la justice (Richter)

III.

16 3 *par hasard* – fortuitement (zufällig)
    4 *révéler* – découvrir, faire connaître ce qui était inconnu et secret (enthüllen)
    12 *modeste* – simple, sans éclat (bescheiden)
    14 *avoir un éclat de rire* – éclater de rire (rire soudainement et bruyamment)
    irriter – mettre en colère (reizen, ärgern)
    15 *sérieux, se* – grave, sincère (ernst) *prendre au* ~ regarder comme réel, important (ernst nehmen)
    18 *entrevoir* – prévoir confusément, deviner (undeutlich sehen, ahnen) *j'entrevis une lueur* (mir ging ein Licht auf)
    21 *hocher* – secouer, agiter ~ *la tête* (missbilligend den Kopf schütteln)
    26 *s'enfoncer* – pénétrer profondément (sich versenken)
    rêverie – état de l'esprit qui s'abandonne à des souvenirs, à des images (Träumerei)
    28 *se plonger* – s'enfonder (v. pl. h.) (sich vertiefen)
    29 *contemplation* – méditation profonde (Betrachtung)
    31 *intriguer* – embarrasser, donner à penser
    confidence – communication d'un secret, *demi* – ~ allusion (Andeutung)
    32 *s'efforcer* – tendre toutes ses forces à (sich anstrengen)
    33 *en savoir plus long* – apprendre davantage (etwas mehr erfahren)

18 3 *méditatif, ve* – porté à la méditation (nachdenklich)
    7 *piquet* – petit pieu propre à être fiché en terre (Pfahl, Pflock)
    8 *proposition* – action de proposer (mettre une chose en avant pour qu'on l'examine) (Vorschlag)

        choquer – contrarier, déplaire (missfallen)
10 10 *n'importe où* – dans une direction quelconque (einerlei wohin)

IV.

20 *planète d'origine* – planète d'où il venait (Heimatplanet)
24 *en dehors de* – excepté (außer)
30 *centaine f* – environ cent
32 *avoir beaucoup de mal* – avoir beaucoup de peine (viel Mühe haben)
34 *télescope* – instrument d'observation astronomique (Fernrohr)

19 3 *astéroïde m* – nom de petites planètes visibles au télescope et circulant entre Mars et Jupiter
10 *démonstration* – action d'expliquer par des expériences les données d'une science (Vortrag mit Vorführungen)
14 *réputation* – opinion publique favorable ou défavorable (Ruf, Ansehen)
    dictateur turc – Kemal Pascha (nommé Atatürk = père des Turcs)
15 *imposer* – infliger, ordonner, prescrire (gebieten, vorschreiben)
    sous peine de mort – sous peine capitale (bei Todesstrafe)
16 *à l'Européenne* – à la manière européenne
    refaire – répéter
18 *avis m* – opinion
20 *confier* – remettre aux soins de qn (anvertrauen)
22 *essentiel, le* – qui appartient à la nature propre de qc. (wesentlich)
24 *collectionner* – recueillir des objets qui ont ensemble quelque rapport (sammeln)
    papillon m – (Schmetterling)
26 *peser* – déterminer le poids d'un objet (wiegen)
28 *brique f* – (Ziegelstein)
30 *colombe f* – pigeon (Taube)

20 1 *preuve* – ce qui démontre la vérité d'une chose (Beweis)
4 *hausser les épaules* – les lever en signe d'indifférence ou de mépris (die Achseln zucken)
6 *convaincre* – persuader (überzeugen)
7 *en vouloir à qn* – avoir contre qn un sentiment de malveillance, de rancune (jem. böse sein)
8 *indulgent, e* – tolérant, clément (nachsichtig)
12 *conte (m) de fée* – (Märchen)
15 *avoir l'air* – paraître, sembler
16 *à la légère* – légèrement, sans réflexion (oberflächlich, flüchtig)

      éprouver – ressentir (empfinden)
17 *chagrin m* – peine, affliction (Kummer)
23 *se remettre au dessin* – recommencer à dessiner
24 *tentative f* – essai (Versuch)
26 *ressembler* – avoir de la ressemblance (conformité, analogie de forme, de physionomie) (ähnlich sein)
29 *hésiter* – être incertain sur le parti qu'on doit prendre (zögern)
30 *tâtonner* – chercher en tâtant (tasten)
33 *semblable* – pareil, de même nature (ähnlich)
36 *vieillir* – devenir vieux

V.

21   3 *réflexion f* – action de l'esprit qui revient sur ses pensées pour les examiner (Nachdenken, Überlegung)
     4 *baobab m* – arbre immense d'Afrique (Affenbrotbaum)
     7 *arbuste m* – petit arbre (Strauch)
   13 *par conséquent* – comme suite logique, donc (folglich)
   14 *faire remarquer* – appeler l'attention de qn sur qc. (jem. darauf aufmerksam machen)
   16 *troupeau* – réunion d'animaux de la même espèce (Herde)
   17 *venir à bout m* – réussir à (gelingen, fertig werden mit)
   19 *il faudrait les mettre l'un sur l'autre* – à cause de la petitesse de la planète
   20 *sagesse f* – prudence, intelligence (Weisheit, Klugheit)
   28 *évidence* – clarté, vérité certaine (klarer Beweis, Gewissheit)

22   2 *graine* – semence (Samenkorn)
     3 *invisible* – ce qu'on ne peut pas voir
     4 *il leur prend fantaisie* – elles viennent à l'idée (es kommt ihnen in den Sinn)
     5 *s'étirer* – s'allonger en étendant les membres (sich strecken, sich recken)
     6 *brindille* – branche menue (dünner Zweig)
        inoffensif, ve – qui ne fait de mal à personne (harmlos)
     7 *radis m* – (Radieschen, Rettich)
        rosier m – arbuste épineux qui porte des roses de toutes espèces (Rosenstrauch)

24   2 *arracher* – détacher avec effort (ausreißen)
     4 *sol* – terre considérée par rapport à ses qualités productives (Boden)

5 *infester* – se dit des animaux ou des plantes nuisibles qui abondent dans un lieu (unsicher machen, verseuchen)
6 *débarrasser* – enlever ce qui embarrassait, *se ~ de qc.* (etwas loswerden)
7 *perforer* – percer (durchbohren, durchdringen)
  racine f – partie de la plante par laquelle elle tient à la terre (Wurzel)
8 *éclater* – se rompre ou se fendre soudainement, *faire ~* (sprengen)
11 *soigneux, se* – qui apporte du soin à ce qu'il fait (sorgfältig)
  s'astreindre – s'obliger (sich anstrengen, sich befleißigen)
14 *ennuyeux, se* – qui ennuie, contrarie (langweilig)
18 *inconvénient m* – désavantage, conséquence fâcheuse (Unannehmlichkeit, Nachteil)
20 *paresseux* – qui n'aime pas travailler (Faulpelz)
21 *négliger* – ne pas avoir soin de (vernachlässigen)
22 *indication f* – renseignement (Angabe)
23 *moraliste* – qui prêche la morale (Moralprediger)
26 *faire exception* – excepter (eine Ausnahme machen)
  réserve – discrétion, retenue (Zurückhaltung)
27 *avertir* – informer, donner avis (warnen)
28 *frôler* – toucher légèrement en passant (leicht berühren, streifen)
30 *valoir la peine* – avoir une certaine importance
  la leçon en valait la peine (die Lektion war der Mühe wert)
33 *animer* – exciter, encourager (anregen, ermutigen)
34 *urgence f* – nécessité pressante (dringende Notwendigkeit)

VI.

25 2 *distraction f* – ce qui amuse ou délasse l'esprit (Zerstreuung)
   3 *douceur* – qualité de ce qui est doux et agréable (Milde, Lieblichkeit)
  18 *crépuscule* – lumière qui suit le soleil couchant jusqu'à la nuit close (Abenddämmerung)

VII.

26 8 *grâce à* – à cause de (dank)
   9 *brusquerie f* – action ou parole brusque (Schroffheit)
  10 *préambule m* – avant-propos (Einleitung), *sans ~* (ohne Umschweife)
    méditer – réfléchir profondément (überlegen, bedenken)
  15 *épine f* – piquant (Dorn)
  18 *dévisser* – retirer les vis qui maintiennent un objet (abschrauben)

19 *boulon* – (Bolzen)
serrer presser, *trop serré* (zu fest angeschraubt)
soucieux, se – inquiet, pensif
21 *s'épuiser* – se tarir (sich erschöpfen, zu Ende gehen)
23 *renoncer à* – se désister (verzichten)
26 *méchanceté* – penchant à faire du mal (Bosheit)
29 *rancune f* – ressentiment qu'on garde d'une offense (Groll, Verärgerung)
31 *se rassurer* – rendre la confiance, la tranquillité (sich sichern)
34 *marteau m* – (Hammer)
35 *déranger* – troubler (stören)

27   7 *cambouis m* – huile ou graisse noircie par le frottement des roues d'une voiture ou d'une machine (Wagenschmiere)
laid, e – désagréable à la vue (hässlich)
9 *honte f* – humiliation, déshonneur, *faire ~* (beschämen)
impitoyable qui est sans pitié (unbarmherzig)
10 *confondre* – mêler, brouiller plusieurs choses ensemble (verwirren)
mélanger – faire un mélange de plusieurs choses (vermischen)
11 *secouer* – agiter fortement et à plusieurs reprises (schütteln)
12 *doré* – de couleur d'or
13 *cramoisi* – qui est d'un rouge foncé (dunkelrot, puterrot)
17 *gonfler* – distendre, faire enfler (schwellen)
18 *orgueil m* – estime excessive de soi-même (Hochmut)
24 *quand même* – tout de même (trotzdem)
39 *nulle part* – en aucun lieu (nirgends)

28   1 *anéantir* – détruire entièrement (vernichten)
2 *se rendre compte de* – voir clair (sich klar werden, sich Rechenschaft ablegen über)
7 *quelque part* – n'importe où
11 *sanglot m* – action de pleurer spasmodiquement (Schluchzen)
12 *lâcher* – détendre, desserrer (loslassen)
outil m – instrument pour travailler du bois, du métal etc. (Werkzeug)
15 *consoler* – soulager, adoucir l'affliction, les ennuis de qn (trösten)
bercer – balancer pour endormir (wiegen)
17 *muselière* – appareil qu'on met aux animaux pour les empêcher de mordre, de manger (Maulkorb)
armure – revêtement métallique qui protège le corps (Rüstung)
19 *maladroit* – inhabile, gauche (ungeschickt)

VIII.

23 *orner* – décorer (schmücken)
pétale m – chacune des pièces de la corolle (Blütenblatt)
29 *germer* – se développer (keimen)
32 *surveiller* – veiller avec grande attention (überwachen)

29   1 *genre* – groupement d'êtres qui ont entre eux des caractères communs (Art)
    5 *installation f* – ici: développement (Entwicklung)
    6 *bouton* – bourgeon, fleur non épanouie (Knospe)
    8 *miraculeux, se* – merveilleux
   10 *à l'abri m* – en sûreté (geschützt)
   13 *ajuster* – rendre juste (zurechtmachen)
   15 *friper* – froisser (zerknittern)
      coquelicot m – (Klatschmohn)
   16 *rayonnement* – émission de rayons (Strahlen)
   20 *bâiller* – respirer en ouvrant convulsivement la bouche (gähnen)
   23 *décoiffer* – défaire la coiffure, déranger les cheveux (zerzausen)
   28 *deviner* – prédire ce qui doit arriver (erraten)
   29 *émouvant* – touchant (rührend)

30   5 *être chercher* – aller chercher (holen)
      arrosoir – utensile pour arroser les fleurs, les légumes etc. (Gießkanne)
    7 *tourmenter* – torturer, vexer, faire souffrir (quälen)
    8 *vanité* – orgueil futile, désir de paraître, de briller (Eitelkeit)
      ombrageux, se – très facile à effrayer (scheu)
   13 *objecter* – opposer des arguments à une affirmation (einwenden)
   18 *horreur f* – impression physique d'effroi, de souffrance (Schauder, Grausen)
      courant d'air m – mouvement de l'air dans la même direction (Luftzug)
   19 *paravent* – meuble composé de châssis mobiles, pour isoler ou pour garantir des courants d'air (Wandschirm)
   23 *globe m* – enveloppe de verre (Glasglocke)
   24 *c'est mal installé* – c'est mal placé, établi (das ist schlecht eingerichtet)
   26 *humilier* – abaisser, mortifier (demütigen)
   27 *mensonge* – propos contraire à la vérité (Lüge)
   28 *tousser* – chasser l'air des poumons avec bruit (husten)
      mettre qn dans son tort – (jem. ins Unrecht setzen)
   33 *forcer la toux* – tousser sans être forcé de le faire
   34 *infliger* – frapper d'une peine pour une faute (auferlegen, aufnötigen)
      remords m – reproche très vif de la conscience (Gewissensbiss)

31 1 *confier* – dire en confidence (anvertrauen)
    2 *respirer* – attirer et rejeter l'air par le mouvement des poumons (atmen)
    3 *embaumer* – exhaler une odeur suave (mit Wohlgeruch erfüllen)
    4 *agacer* – irriter (ärgern, reizen)
      attendrir – émouvoir, toucher (rühren)
    9 *tendresse* – caresse, témoignage d'amour (Zärtlichkeit)
   10 *ruse f* – artifice dont on se sert pour tromper (List)
      contradictoire – qui implique une contradiction (widerspruchsvoll)

IX.

   12 *évasion f* – action de s'échapper (Entweichen, Flucht)
      migration – voyages que certains oiseaux entreprennent à des époques périodiques (Vogelzug)
   14 *ramoner* – nettoyer l'intérieur d'une cheminée (Schornstein fegen)
      volcan en activité – volcan qui n'est pas éteint (tätiger Vulkan)
   19 *éruption f* – émission violente (Ausbruch)
   20 *cheminée f* – endroit où l'on fait du feu (Kamin)
   23 *ennui m* – souci (Verdruss, Ärger)
   25 *pousse* – développement de tout ce qui s'accroît (Trieb, Sprössling)
   27 *arroser* – répandre de l'eau sur une plante, une fleur (v. pl. h.: arrosoir) (begießen)
   33 *rhume* – quand on a pris froid, on a un rhume (Erkältung)
   34 *tâcher* – essayer

33 1 *reproche m* – ce qu'on dit à une personne pour lui exprimer son mécontentement (Vorwurf)
      déconcerté – profondément troublé (fassungslos)
    9 *enrhumé* – qui a un rhume (v. pl. h.)
   12 *chenille f* – (Raupe)
   13 *sinon qui* – (wer sonst)
   18 *traîner* – ici: faire son travail très lentement (trödeln)
   21 *orgueilleux, se* – très fier (stolz, hochmütig) (v. pl. h.: orgueil VII)

X.

   24 *occupation* – emploi, travail (Beschäftigung)
      s'instruire – s'informer (sich bilden)
   25 *siéger* – résider (sitzen, thronen)
   26 *hermine f* – (Hermelin)
   28 *sujet* – personne soumise à l'autorité d'un souverain (Untertan)
   33 *simplifier* – rendre très simple (vereinfachen)

| 34 | 4 *il est contraire à l'étiquette* – il est contre l'étiquette
étiquette – cérémonial dans la maison d'un chef (Etikette)
5 *interdire* – défendre (untersagen)
6 *je ne peux pas m'en empêcher* – je ne peux pas le supprimer (ich kann es nicht unterdrücken)
11 *intimider* – inspirer de la gêne (einschüchtern)
15 *bredouiller* – parler d'une manière peu distincte (stammeln)
vexer – contrarier, faire de la peine (ärgern, bedrücken)
16 *tenir à* – avoir un grand désir (Wert legen auf) *il tenait essentiellement à* (er legte größten Wert darauf)
17 *tolérer* – supporter avec indulgence (dulden)
désobéissance – manque d'obéissance (Ungehorsam)
20 *couramment (adv.)* – facilement, rapidement (leichthin, rasch)
23 *s'enquit, de: s'enquérir* – s'informer (sich erkundigen)
24 *ramener* – tirer (zurechtrücken)
25 *pan* – partie tombante d'un vêtement (Zipfel)
26 *minuscule* – très petit
34 *discret, ète* – réservé dans ses paroles, modeste (zurückhaltend, bescheiden)
désigner – indiquer, signaler (hinweisen auf)
38 *monarque absolu* – monarque souverain qui règne tout seul
39 *universel, le* – qui s'étend à tout ou à tous

35 | 4 *émerveiller* – étonner, inspirer une grande admiration (in große Verwunderung setzen)
détenir – garder, tenir en sa possession (besitzen)

36 | 2 *s'enhardir* – rendre hardi (sich erkühnen, sich ein Herz fassen)
solliciter – demander avec déférence (erbitten)
8 *exécuter* – accomplir (ausführen)
10 *fermement* – d'un ton assuré, convaincu (fest, überzeugt)
12 *reposer sur* – être établi, fondé sur (beruhen auf)
14 *exiger* – demander comme chose due (fordern)
19 *science* – connaissance exacte et raisonnée, *~ du gouvernement* (Herrscherweisheit)
20 *favorable* – propice (günstig)
22 *consulter* – prendre conseil de qn (zurate ziehen)
23 *calendrier* – (Kalender)
25 *regretter* – être affligé de ne plus avoir (vermissen)
32 *juger* – décider en qualité de juge (beurteilen)

37 | 2 *autrui (pron. ind.)* – les autres
8 *condamner* – prononcer un jugement contre qn (verurteilen)
9 *dépendre de* – être sous la dépendance (abhängen von)

gracier – faire grâce à un criminel (begnadigen)
10 *économiser* – épargner, ménager (aufsparen, schonen)
14 *préparatif m* – action de préparer (Vorbereitung)
15 *peiner* – causer du chagrin (bekümmern)
22 *ambassadeur* – représentant d'un État près d'une puissance étrangère (Gesandter)
24 *étrange* – extraordinaire (seltsam)

XI.

38 1 *vaniteux, se (v. pl. h.: vanité)* – (eitel)
    2 *admirateur* – personne qui admire qn ou qc. (Bewunderer)
    8 *acclamer* – crier de joie, d'enthousiasme (zujubeln)
    31 *monotonie* – manque de variété (Eintönigkeit)

39 2 *louange f* – parole par laquelle on fait l'éloge d'une personne (Lobrede)
    11 *il s'en fut* – il s'en alla
    12 *décidé* – déterminé, résolu (bestimmt, entschlossen)
    bizarre – étrange, singulier (sonderbar, wunderlich)

XII.

40 1 *buveur* – personne qui boit trop (Trinker)
    5 *collection* – réunion d'objets qui ont ensemble quelque rapport (Sammlung, Reihe)
    7 *lugubre* – funèbre (düster)
    18 *perplexe* – embarrassé (verlegen, ratlos)

XIII.

    22 *occupé* – qui a beaucoup de travail (beschäftigt)
    27 *rallumer* – allumer de nouveau (wieder anzünden)

41 2 *baliverne f* – niaiserie (Albernheit)

42 4 *hanneton* – (Maikäfer)
    5 *répandre* – étendre au loin (verbreiten)
    épouvantable – terrible, horrible
    14 *mouche f* – (Fliege)
    16 *abeille f* – (Biene)
    17 *rêvasser* – s'abandonner à des rêveries (träumen) (v. pl. h. III)

18 *fainéant* – personne qui ne fait rien (Nichtstuer)
28 *posséder* – avoir à soi (besitzen)
39 *ivrogne* – buveur

43 3 *riposter* – répondre promptement et vivement
grincheux, se – susceptible, revêche (mürrisch)
 9 *breveter* – munir d'un brevet (diplôme délivré par l'État) (patentieren)
13 *gérer* – administrer (verwalten)
16 *foulard* – mouchoir de cou, de soie légère (seidenes Halstuch)
20 *placer en banque* – (auf die Bank bringen)
23 *enfermer à clef f* – einschließen

XIV.

44 2 *réverbère* – lanterne pour éclairer les rues pendant la nuit (Straßenlaterne)
 3 *allumeur de réverbères* – homme qui allume et éteint les r.
parvenir à – réussir à
 7 *absurde* – contraire à la raison (unvernünftig, sinnlos)
14 *aborder* – atteindre le rivage, prendre terre (betreten)
17 *consigne* – instruction donnée à un gardien, un employé (Dienstvorschrift)
27 *s'éponger* – s'essuyer (sich abwischen)
mouchoir à carreaux rouges – (rot kariertes Taschentuch)

46 11 *fidèle* – qui remplit ses engagements (treu)
17 *paresseux, se* – qui hait le travail (faul)
20 *enjambée f* – grand pas
23 *avancer* – pousser en avant (weiterbringen)
29 *mépriser* – dédaigner, déprécier (verachten)
31 *ridicule* – digne de risée (lächerlich)
37 *avouer* – confesser (eingestehen)

XV.

47 4 *explorateur* – qui va à la découverte d'un pays (Forscher)
 6 *souffler* – reprendre haleine (verschnaufen)
32 *prendre en note f* – noter (aufschreiben, notieren)
34 *enquête* – recherches faites par ordre d'une autorité quelconque (amtliche Untersuchung)
moralité – conduite morale (moralische Zuverlässigkeit)

48 2 *entraîner* – occasionner (nach sich ziehen, herbeiführen)
   14 *fournir* – produire, pourvoir (sorgen für, liefern)

49 1 *émouvoir* – exciter, s'~ (in Aufregung geraten)
   4 *tailler* – couper, retrancher pour donner une certaine forme (spitzen)

50 3 *éphémère* – de courte durée (vergänglich)
   4 *signifier* – vouloir dire (bedeuten)
   6 *se démoder* – n'être plus à la mode (aus der Mode kommen, veralten)
   9 *éternel, le* – sans commencement ni fin (ewig)
   12 *ça revient au même* – c'est la même chose (das kommt auf dasselbe hinaus)
   18 *menacer* – mettre en danger (bedrohen)
   19 *disparition* – action de disparaître (Verschwinden)

XVI.

51 2 *quelconque* – quelle qu'elle soit (irgendein)
   8 *invention f* – action de créer quelque chose de nouveau (Erfindung)
   12 *régler* – mettre en ordre (hier: einüben)
   17 *s'escamoter* – disparaître habilement (geschickt verschwinden)
   21 *entrée en scène f* – (Auftritt)
   24 *oisiveté f* – état d'un homme qui n'a point d'occupation (Müßiggang)
      nonchalance f – mollesse, manque de soin (hier: Gemütlichkeit)

XVII.

   25 *faire de l'esprit* – être spirituel (geistreich sein)
   27 *risquer* – exposer à un danger possible (Gefahr laufen)
   30 *serrer* – presser (zusammendrängen)
      meeting (angl.) – assemblée (Versammlung)
   31 *aisé* – facile (leicht)

52 1 *entasser* – amasser, accumuler (zusammenpferchen)
   2 *îlot* – petite île
   7 *pensum* – travail imposé à un écolier pour le punir (Strafarbeit)
      confiance f – espérance ferme en qn (Vertrauen)
   11 *anneau* – bague (Ring)
      remuer – bouger (sich bewegen)
   12 *à tout hasard* – quoi qu'il arrive (aufs Geratewohl)
   32 *mince* – qui a peu d'épaisseur (dünn)

54 1 *s'enrouler* – se rouler
       cheville – (Knöchel)
    2 *bracelet* – ornement qui se porte au bras (Armband)
    9 *énigme f* – chose difficile à connaître à fond (Rätsel)
   10 *résoudre une* ~ (ein Rätsel lösen)

XVIII.

   13 *une fleur de rien du tout* – une fleur qui ne signifie rien (eine unbedeutende Blume)
   20 *promener* – mener, conduire ça et là (hier: verwehen)
      gêner – embarrasser (behindern)

XIX.

55 1 *ascension f* – action de gravir (Besteigung)
    4 *tabouret* – petit siège sans dossier et sans bras (Schemel)
    6 *aiguille f* – petite tige d'acier, pour coudre (Nadel)
      aiguisé – pointu (spitz)
   19 *salé* – saupoudré de sel (salzig)

XX.

57 5 *fleurir* – produire des fleurs (blühen)
   13 *espèce f* – sorte, qualité (Art)
   17 *faire semblant* – feindre (so tun als ob)
   16 *échapper* – se sauver, se soustraire (entgehen)

XXI.

59 8 *proposer* – (v. pl. h. III: proposition)
   10 *apprivoiser* – rendre un animal moins sauvage, familiariser (zähmen)

60 5 *élever* – nourrir, soigner (aufziehen)
    9 *créer* – fonder, établir (schaffen)
   10 *lien m* – tout ce qui sert à lier (Bindung)
   23 *intriguer* – exciter vivement la curiosité (neugierig machen)
   35 *ensoleiller* – remplir de lumière (mit Sonnenlicht erfüllen)
   37 *terrier* – trou dans la terre où se retirent certains animaux, comme le renard (Bau)

62 12 *des choses toutes faites* – (fertig hergestellte Dinge)
   18 *source f* – origine d'un cours d'eau (Quelle)
   19 *malentendu m* – parole mal comprise (Missverständnis)

25 *s'agiter* – s'exciter (sich aufregen)
26 *s'inquiéter* – se troubler (sich beunruhigen)
27 *n'importe quand* – à une heure quelconque (irgendwann)
28 *rite m* – ensemble des règles et des cérémonies qui se pratiquent dans une religion (Ritus, fester Brauch)
34 *vigne* – terre plantée en ceps de vigne (Weinberg)

63 10 *cadeau m* – petit présent (Geschenk)
26 *se vanter* – exalter son propre mérite (sich rühmen, prahlen)

64 4 *responsable* – qui est obligé de répondre de ses actions (verantwortlich)

XXII.

9 *aiguilleur* – (Weichensteller)
11 *trier* – choisir parmi plusieurs, séparer du reste (sortieren)
14 *rapide* – train accéléré (Schnellzug)
   gronder – produire un bruit sourd (donnern)
   tonnerre – bruit éclatant qui accompagne l'éclair
15 *cabine d'aiguillage* – cabine de l'aiguilleur (v. pl. h.)
19 *sens m* – direction (Richtung)
   inverse – opposé à la direction actuelle (entgegengesetzt)
21 *échange* – train en sens opposé (Gegenzug)
29 *écraser* – aplatir par compression (plattdrücken)
32 *chiffon m* – vieux morceau d'étoffe (Lappen, Stofffetzen)

XXIII.

65 3 *pilule f* – médicament en forme de petite boule (Pille)
   perfectionner – rapprocher de la perfection (vervollkommnen)
   apaiser – adoucir, calmer (stillen)
7 *économie* – parcimonie (Ersparnis)
8 *expert m* – personne fort versée dans la connaissance d'une chose (Sachverständiger)
13 *dépenser* – employer de l'argent pour un achat (ausgeben)
   fontaine – eau vive qui sort de la terre (Brunnen)

XXIV.

66   3 *provision* – ensemble des choses nécessaires ou utiles (Vorrat)
    12 *raisonnement* – manière de raisonner (Beweisführung)
    15 *mesurer* – déterminer avec sagesse (ermessen)
    18 *puits* – trou profond pratiqué dans le sol pour en tirer de l'eau (Brunnen)
    19 *lassitude f* – grande fatigue du corps ou de l'esprit (Müdigkeit)
    23 *s'éclairer* – étinceler (leuchten, funkeln)

67   1 *pli m* – ondulation de la face terrestre (Falte, kleiner Hügel)
     7 *embellir* – rendre plus beau (verschönen)
    11 *trésor* – amas de choses précieuses (Schatz)
       enfouir – mettre en terre (vergraben)
    13 *enchanter* – ensorceler (verzaubern)
    17 *être d'accord* – consentir (übereinstimmen)
    21 *fragile* – débile, frêle (zerbrechlich)
    23 *clos, e* – fermé
       mèche f – bouquet de cheveux (Haarsträhne)
    24 *écorce* – partie extérieure et superficielle qui recouvre la tige de certaines plantes (Rinde, Hülle)
    26 *entr'ouvrir* – ouvrir un peu
       ébaucher – esquisser (andeuten)
    28 *fidélité* – (v. pl. h.: XIV, fidèle)

XXV.

69   1 *enfourner* – mettre dans le four, *s'~* (sich hineindrängen)
     7 *trou m* – toute ouverture dans un corps, dans la terre (Loch)
       creuser – faire une cavité (graben)
    10 *poulie* – (Flaschenzug, Winde)
    11 *seau* – récipient cylindrique propre à puiser de l'eau (Eimer)
    12 *gémir* – faire entendre une sorte de bruit plaintif (ächzen, knarren)
    13 *girouette* – plaque légère mobile qui indique la direction du vent (Wetterfahne)
    19 *hisser* – hausser, élever (hochziehen)
       margelle – pierres qui forment le rebord d'un puits (Brunnenrand)
    20 *d'aplomb* – perpendiculairement (senkrecht)
    27 *aliment* – tout ce qui sert de nourriture (Nahrungsmittel)

70 14 *ébauche f* – premier jet, esquisse (Skizze, Entwurf)
    16 *chou m* – (Kohl)
    25 *crayonner* – dessiner avec un crayon

29 *chute* – action de tomber (Sturz)
anniversaire m – qui rappelle le souvenir d'un événement arrivé à pareil jour une ou plusieurs années auparavant (Jahrestag), *c'en sera demain l'~* (morgen ist es ein Jahr her)
34 *chagrin* – peine, affliction (Kummer)

71 11 *rassurer* – rendre la tranquillité (beruhigen)

XXVI.

23 *trace* – vestige marquant le passage d'un homme ou d'un animal (Spur)
27 *venin* – poison (Gift)
29 *faire halte* – s'arrêter
32 *abaisser* – faire descendre (senken)
33 *bond* – saut (Sprung, Satz)
34 *exécuter* – accomplir, ici: tuer (erledigen, töten)
fouiller – chercher soigneusement (durchwühlen)
35 *pas (m) de course (f)* – (Laufschritt)
36 *couler* – glisser (gleiten)

73 1 *jet d'eau* – eau qui s'élance d'un tuyau (Wasserstrahl)
2 *se faufiler* – se glisser adroitement (fortschlüpfen)
5 *quelle est cette histoire-là* – (was sind das für Geschichten)
7 *défaire* – dénouer, détacher
cache-nez – foulard servant à garantir du froid la partie inférieure du visage (Halstuch)
mouiller – tremper, humecter (netzen)
8 *tempe f* – partie latérale de la tête, de l'oreille jusqu'au front (Schläfe)
11 *carabine* – fusil court
23 *abîme* – précipice (Abgrund)
29 *réchauffer* – chauffer ce qui est refroidi (wieder erwärmen)
34 *glacé* – très froid, *je me sentis glacé* (es lief mir eiskalt über den Rücken)
irréparable – qui ne peut être réparé (unersetzlich, unabwendbar)
35 *supporter* – souffrir avec patience (ertragen)

74 28 *guide m* – personne ou chose qui conduit (Führer)

75 6 *vilain, e* – laid, méchant (hässlich)
   tour – ruse malicieuse, *jouer un* ~ (einen Streich spielen)
   9 *grelot* – petite boule métallique creuse, dans laquelle il y a un morceau de métal qui la fait résonner dès qu'on la remue (Schelle, Glöckchen)
   18 *méchant, e* – porté au mal (bösartig)
   22 *morsure* – plaie faite en mordant (Biss)

76 1 *s'évader* – s'échapper furtivement (entweichen), (v. pl. h.: évasion, IX)
   5 *se tourmenter* – s'inquiéter (sich beunruhigen, sich ängstigen)
   15 *se décourager* – perdre courage
   17 *rouillé* – couvert de rouille (rostig)

XXVII.

77 25 *courroie* – bande, ~ *de cuir* (Lederriemen)
   32 *distrait, e* – peu attentif (v. pl. h.: distraction, VI)

81 1 *paysage* – étendue de pays qui offre une vue d'ensemble (Landschaft)
   6 *supplier* – prier instamment (anflehen)

Saint-Exupéry prépare une de ses dernières missions
(Alghero 1944)
(Foto: Archiv für Kunst und Geschichte)

Saint-Exupéry à bord d'un Simoun, départ pour le raid
Paris-Saïgon, 1935
(Foto: Keystone)